COMPTE RENDU

DU

1er CONGRÈS INTERNATIONAL

DES SCIENCES DE L'ÉCRITURE

TENU A PARIS DU 24 AU 31 MAI 1900

SOUS LES AUSPICES DU MINISTÈRE DU COMMERCE

ET DE L'INDUSTRIE

PARIS

SOCIÉTÉ DE GRAPHOLOGIE

150, Boulevard St Germain

M·CM·II

CONGRÈS DES SCIENCES DE L'ÉCRITURE

COMPTE RENDU

COMPTE RENDU

DU

1er CONGRÈS INTERNATIONAL

DES SCIENCES DE L'ÉCRITURE

TENU A PARIS DU 24 AU 31 MAI 1900

SOUS LES AUSPICES DU MINISTÈRE DU COMMERCE

ET DE L'INDUSTRIE

PARIS

SOCIÉTÉ DE GRAPHOLOGIE

150, BOULEVARD St GERMAIN

M. CM II

Discours de M. GAVARRY

prononcé à l'ouverture du

CONGRÈS DES SCIENCES DE L'ÉCRITURE

Au Palais des Congrès à l'Exposition universelle

le 24 Mai 1900

MESDAMES, MESSIEURS,

Il y a vingt ans, à peu près à la même date, J. H. MICHON réunissait dans une vaste tente dressée dans le parc de Montausier, un certain nombre d'auditeurs auxquels il exposa, en six séances consécutives, ses découvertes sur l'interprétation des écritures. Ce fut le premier Congrès graphologique.

Le 24 mai 1900 marquera une date mémorable dans les annales des sciences de l'Écriture ; après les Congrès des sociétés savantes, la Graphologie est une fois de plus officiellement reconnue, elle reçoit aujourd'hui ses lettres de grande naturalisation dans la Patrie de la science.

Un Prince éclairé, auquel rien de ce qui est scientifique n'est étranger, le Prince de Monaco, a bien voulu accepter la Présidence d'honneur de nos travaux.

Sa Majesté la reine de Roumanie a daigné se faire représenter par le Prince Ghika, Commissaire de la section Roumaine.

Et cependant cette science est déjà vieille de deux siècles et demi. Vous savez qu'elle remonte à 1622, époque où Camillo Baldi, le véritable inventeur, si ce n'est de la graphologie, du moins de l'idée graphologique, publia son ouvrage intitulé : « Du Moyen de connaître les mœurs et les qualités d'un écrivain d'après ses lettres missives ».

Ce traité a été récemment traduit en français par M. Depoin, qui a fait précéder la traduction d'une étude bibliographique et biographique de la plus haute valeur.

De Baldi à Michon, c'est-à-dire du début du 17e siècle jusqu'à l'apparition, en 1872, du volume : « Les mystères de l'Écriture », la science graphologique n'a pour ainsi dire pas progressé.

Il paraît invraisemblable qu'une science dont la portée est si considérable n'ait pas préoccupé les grands cerveaux que l'humanité a produits depuis 250 ans. Quand on réfléchit au mouvement scientifique qui poursuit sans trêve son enquête universelle et splendide dans tous les domaines de la spéculation et de l'expérimentation, on demeure étonné de constater que les études profondes sur l'écriture datent d'une époque aussi récente.

On a expliqué cette anomalie par cette raison, que la recherche du caractère d'après l'écriture a paru et paraît encore, aux yeux de certains, comme une sorte de jeu que l'on a confondu avec les pratiques de la Kabale, de l'Astrologie et de la Chiromancie.

Le singulier trafic auquel se livrent des industriels se disant graphologues pourrait être un prétexte à des attaques, s'il n'était pas au-dessous de toute dignité, pour des adversaires qui se placent sur le terrain de la science, de ramasser de telles armes.

Il a fallu qu'un homme convaincu, ardent et tenace, — vous avez nommé l'abbé Michon — crût en cette science au point de consacrer une partie de sa vie à l'étudier, et l'autre partie à se défendre contre l'accusation de charlatanisme — pour en dégager, par un merveilleux effort, ce que j'appellerai le corps de doctrine de la Graphologie.

Non seulement ce fut un inventeur, mais un vulgarisateur infatigable.

A l'exposition de 1878, deux fois par semaine, il s'arrêtait modestement dans une galerie, ses livres auprès de lui, et expliquait la science nouvelle aux passants.

Ce vieillard, vêtu d'une soutane à la façon des prêtres anglais, avec l'éclair de la foi dans les yeux, prêchait la graphologie comme un apôtre. Quel bel exemple et quel beau spectacle, Messieurs !

Entre ces deux noms, Baldi et Michon, — et après eux, la graphologie a d'autres parrains qu'il faut citer.

Marc Aurèle Severino, professeur d'anatomie et de chirurgie dans le même temps que Baldi, écrit un traité sur la divination épistolaire, qui n'a pas paru.

Nous devons sauter jusqu'en 1678 pour rencontrer une nouvelle manifestation graphologique ; le *Mercure Galant* publie en effet une lettre « sur les indices qu'on peut tirer de la manière dont chacun forme son écriture ».

Leibnitz, Gromann, Goethe parlent de l'étude des écritures dans leurs rapports avec le caractère.

Quant à Lavater, la graphologie arrête un instant son attention, mais il passe outre, malheureusement.

Moreau (de la Sarthe), éditeur de Lavater en 1806, fait précéder le chapitre qui traite de l'écriture, de 20 pages qui sont réellement des observations graphologiques.

En 1812, paraît un livre anonyme consacré uniquement à la graphologie et qui a pour titre : « L'art de juger de l'esprit et du caractère des hommes et des femmes sur leur écriture ».

Cet anonyme est M. Hocquart, polygraphe de premier ordre, que M. Crépieux-Jamin a exhumé et ressuscité dans une remarquable étude publiée dans le journal l'*Écriture*. Hocquart démontre qu'on peut trouver le caractère du scripteur d'après l'aspect général et l'allure du graphisme.

Nous savons qu'en 1830, il y avait en province une école graphologique, qui possédait des signes.

Monseigneur Boudinet, évêque d'Amiens, le cardinal Régnier, archevêque de Cambrai et l'abbé Flandrin, appartenaient à cette école. Le dernier fut le maître de l'abbé Michon.

A partir de cette époque, un travail sourd semble se produire de divers côtés : des affleurements graphologiques, — si j'ose ainsi parler, — apparaissent à Liège, Lyon, Paris, Leipzig.

Delestre mérite une mention particulière. Dans son ouvrage publié en 1866 sur la *Physiognomonïe*, il consacre une sérieuse étude aux écritures : il les classe en 3 catégories.

L'abbé Michon trouvait donc le terrain bien préparé et sans rien vouloir enlever à son mérite, il m'a paru qu'on devait à la vérité historique de mentionner, en ce jour, tous ceux qui ont rangé devant lui les petites pierres auxquelles il a ajouté des blocs de granit, pour élever son monument définitif. A cet édifice il manque encore bien des colonnes, c'est à vous, Mesdames et Messieurs, qu'il appartient de les dresser.

S'il est difficile de traiter les morts comme il convient, c'est une tâche que je n'assumerai pas de parler des vivants.

Il appartiendra à nos successeurs de déterminer quelle place doit occuper M. Crépieux-Jamin dans notre livre d'or. Aurait-il inventé la graphologie, si Michon n'avait pas existé ? Je ne puis l'affirmer, ni lui non plus ; mais, moi, je le crois.

Actuellement, l'armée graphologique est organisée : elle a

des cadres solides dans lesquels viennent se grouper des baïonnettes intelligentes et zélées.

Notre science a son organe officiel le journal « la Graphologie » fondé par Michon et continué par M. Adrien Varinard et par son fils, et qui est devenu, sous la direction du bureau de la Société de Graphologie, l'organe de cette société.

Vous le lisez tous, j'en suis certain, et vous y apprécierez le talent de MM. Depoin, Varinard, Éloy, Léonce Vié, de Mesdames Ungern-Sternberg, Arsène Arüss, de Salberg, etc.

La Société de Graphologie, qui a pour président M. Depoin, a pris un rôle important; elle conserve les traditions et établit l'orthodoxie en matière graphologique.

C'est à l'initiative de M. Depoin et de M. Varinard, Président et Vice-président de la société que je viens de mentionner, que nous devons, Mesdames et Messieurs, de nous trouver réunis en assises graphologiques. Ils sont les véritables artisans de l'organisation de ce congrès, et nos remerciements ne compenseront pas leurs peines.

Je ne veux pas terminer sans citer les travaux physiologico-graphologiques auxquels se sont livrés des hommes dont la science s'honore, comme ceux de MM. Ferrari, Héricourt et Richet. Ils sont dans notre mémoire à tous.

Je m'excuse de retenir si longtemps votre attention, — mais il m'a paru nécessaire dans cette journée, de faire passer devant vos yeux un raccourci de notre Panthéon graphologique.

Je ne voudrais pas retarder plus longtemps votre plaisir à entendre les communications des membres du Congrès, — mais je ne puis pas ne pas remercier, au nom de la Société de graphologie, — tous ceux qui ont bien voulu se rendre à notre convocation.

Nous sommes sûrs que de cette collaboration si éclairée et cordiale sortira une œuvre durable — et que le Congrès de 1900, s'il aura été le premier des Congrès des sciences de l'écriture, n'aura pas été ni le moins intéressant, ni le moins fécond, quand on le comparera à ceux qui le suivront dans l'avenir.

Quels sont les signes graphologiques de la mémoire

Communication faite au Congrès le 24 Mai 1900

PRÉAMBULE.

Avant d'aborder notre sujet je dois dire, en toute sincérité, que je ne me permets de traiter cette question de la mémoire que parce qu'elle a été posée. Je n'ai pas la prétention de la résoudre, car elle est trop complexe d'une part et de plus elle est en quelque sorte un des points terminus des recherches graphologiques. Le mécanisme de l'écriture, nous ne le connaissons pas encore à fond : la mémoire est le résultat de nos forces intellectuelles. Prétendre poser les règles des indications graphiques de la mémoire dans un caractère est au-dessus de nos forces et particulièrement au-dessus des miennes. Aujourd'hui et uniquement, parce que la question est actuelle, je viens exposer mes idées sur ce sujet: Quels sont donc les signes graphologiques de la mémoire ?

Définition

Avant de les décrire, il convient de définir et de préciser autant que possible et d'après les psychologues autorisés ce que c'est que la mémoire. Deux définitions me plaisent assez :

D'après M. Marion : « La mémoire est la faculté intellectuelle par laquelle l'esprit pense de nouveau ce qu'il a pensé déjà, en le rapportant au passé, c'est-à-dire en reconnaissant qu'il l'a pensé auparavant ».

« C'est la mémoire, dit Rollin dans le *Traité des Études*, qui est la gardienne et la dépositaire de ce que nous voyons, de ce que nous lisons et de tout ce que nos maîtres ou nos propres réflexions nous apprennent ».

Ces deux définitions se complètent l'une par l'autre : la première ne décrit que le rappel des souvenirs, la seconde ne vise que leur acquisition. En disant : *La mémoire est la fonction* (et non la faculté) *intellectuelle qui conserve et qui renouvelle des états de conscience antérieurs*, il me semble qu'on a une formule de définition tout à la fois courte et complète.

Importance

L'importance de la mémoire est capitale, elle est absolue. Sans elle, aucune opération intellectuelle n'est possible. Les Grecs avaient bien compris cette importance et ils avaient fait de la mémoire une divinité, la déesse « Mnémosyne », la mère des Muses.

Elle est nécessaire à l'exercice de toutes nos facultés, elle intervient même dans la plus simple perception. Etant en effet soumis à la loi de la durée, notre vie s'écoule ; le présent n'est rien pour nous ; nous pensons constamment à un avenir qui vient ou à un passé qui fuit ; le moment présent est nsaisissable. C'est la mémoire qui nous permet de revoir le passé, ce passé qui commence au moment présent, car, c'est en toute vérité que l'on peut dire :

Le moment où je parle est déjà loin de moi.

Il est inutile d'insister sur une vérité aussi élémentaire que l'importance de la mémoire qui devient, quand elle est particulièrement puissante par nature et développée par l'éducation, l'une des sources de la force et de la richesse de l'intelligence ; car c'est elle qui l'approvisionne et l'enrichit.

C'est pour ce motif qu'il est intéressant de chercher et d'indiquer les signes graphologiques de la mémoire, afin d'en pouvoir apprécier la force ou le degré dans les caractères qui nous sont révélés par l'écriture et, quand ce degré dépasse la moyenne, de le signaler dans une étude graphologique, esquisse ou portrait, en indiquant ses composantes, puisque la mémoire n'est pas, je le redis, une faculté, mais une fonction intellectuelle.

Historique de la question envisagée graphologiquement.

Je n'ai trouvé dans nos livres classiques français de graphologie que peu ou point d'indications de signes de la mémoire.

La *Graphologie pratique* de Mme Georges de Beauchamp nous dit page 76 : « Dans une écriture fruste, malhabile, élémentaire, la majuscule typographique est seulement indice de mémoire. » — Et page 299 : « Majuscules typographiques : mémoire dans l'écriture plébéienne ». — Par ces mots sans doute Mme G. de Beauchamp voulait plutôt indiquer que la signification habituelle donnée à la majuscule typographique ne pouvait être appliquée dans une écriture commune et qu'elle ne cherchait pas à mentionner un signe de la mémoire ; car si c'est grâce à sa mémoire que l'homme illettré ou presque illettré trace des lettres typographiques quand il veut écrire des majuscules, c'est aussi grâce à sa mémoire qu'il trace des majuscules non typographiques ; il récite ce qu'il a appris, il reproduit ou cherche à reproduire les modèles d'écritures.

M. Crépieux-Jamin, dans l'*essai critique* de son livre savant et essentiellemement didactique quand on sait le bien lire, j'ai nommé l'*Écriture et le Caractère* (1) nous dit, page 425. « Il y a *probablement* plusieurs signes graphologiques indiquant la mémoire ; mais nous n'en connaissons encore aucun. » — Cette opinion si autorisée m'avait, simple étudiant en graphologie que je suis, détourné des recherches qui font l'objet de ce travail. Je trouvais même une certaine ironie dans ce mot *probablement*... Et pourtant j'y pensais et dans plusieurs études graphologiques, dans des portraits même qui m'avaient été demandés, j'ai cru devoir indiquer la mémoire comme trait accessoire de caractère. Qu'il me soit permis de rappeler cette indication dans une esquisse, celle de Mgr Cortet, décédé évêque de Troyes, esquisse qui a eu l'honneur de la publication dans le n° de Mai-Juin 1898 du journal *La Graphologie*. La note n° 26 indicatrice des signes graphologiques était ainsi : « Il (Mgr Cortet) est servi par une bonne mémoire (26). Par résultante :

Assimilation
Activité   } Curiosité intellectuelle

qui, associée à la volonté forte et tenace et à l'intelligence, donne par deuxième résultante : vaste érudition et mémoire

---

(1) Opinion de feu Bridier qui, certes, était un bon et subtil graphologue : « Je suis convaincu qu'il est possible de tirer entièrement de l'*Écriture et le Caractère* un cours absolument élémentaire et se développant rationnellement du moins au plus ; il suffit que l'étudiant soit guidé et qu'on lui offre un classement de pages à étudier méthodiquement, sans rien changer d'ailleurs au texte et en ne faisant que disposer dans un autre ordre les indications de l'auteur en les commentant ». (Fragment d'une lettre de Gustave Bridier du 6 mai 1895).

par conséquent ». Lors de la lecture de mon esquisse devant le Comité de rédaction, cette résultante souleva une courte interruption d'un de nos confrères que vous allez entendre avec infiniment plus de plaisir et de profit que moi, mais elle n'amena pas alors une discussion qui aurait pu devenir un flambeau pour guider mes recherches. Il était écrit, sans doute, que la lumière ne brillerait que pour ce Congrès.

Cependant dans le Journal *La Graphologie* (voir le n° de Janvier 1893) sous la signature de M. Mayeras, nous avons un excellent et trop court article sur le sujet. Notre distingué secrétaire général et perpétuel donne, d'après l'expérience qu'il appelle à juste titre le talent de M. Manvieu, les qualités suivantes pour la mémoire : *Observation et minutie, un peu de sensibilité, jugement,* déduction et positivisme, enfin *assimilation.* « L'assimilateur pratique, observateur attentionné, minutieux et sensible, est à coup sûr, dit M. Mayeras, un homme de mémoire ».

Diverses sortes de mémoires

C'est là tout ce que j'ai trouvé, car n'ayant pu lire, puisque je n'en connais pas la langue, les ouvrages de graphologie de nos confrères étrangers, j'ignore s'il se sont occupés de la question.

Comme elle me semble intéressante et utile à plus d'un point de vue, je vais essayer de la résoudre ou plutôt je vais me permettre de dire ce que j'en pense.

Tous les hommes, tous les humains ont de la mémoire : c'est un fait ; nous ne nous occupons que des mémoires fortes, bien caractérisées et dont les signes graphologiques sont assez vigoureusement marqués dans l'écriture pour qu'il devienne nécessaire de signaler la mémoire comme trait de caractère.

Une bonne mémoire n'est pourtant pas toujours si avantageuse à posséder et un certain discrédit l'accompagne. Il peut en effet arriver que, par excès de mémoire, le grand nombre de souvenirs ne soit que surcharge, encombrement et alourdissement de l'esprit ; et un esprit alerte, vif et allant droit au but avec bon sens est évidemment préférable à un esprit trop plein, trop encombré de souvenirs, qui perd toute originalité faute de savoir penser de lui-même, alourdi qu'il est par les paroles et les pensées des autres. — Mais d'un autre côté une mémoire lente (qui apprend difficilement), paresseuse (qui apprend péniblement et a peine à faire re-vivre le souvenir), fugitive (qui perd vite, trop vite ce qu'elle a trop facilement conquis) et rebelle (celle qui n'est pas présente et ne rend pas à propos ce qui lui a été confié), sans doute, dis-je, une telle mémoire n'est jamais celle d'un être bien intelligent et, tout compte fait, l'excès contraire serait préférable.

Quelles sont donc les qualités d'une excellente mémoire ? D'après M. Mayeras, que je me plais à citer de nouveau, il faut, avec l'assimilation l'observation, l'attention, la minutie et la sensibilité. Il est vrai que, sauf la minutie, ces composantes sont implicitement contenues dans la supériorité intellectuelle. Cependant, il est des gens (et je suis du nombre) qui sont assez minutieux et n'ont qu'une médiocre mémoire.

La mémoire chez les illettrés

Et combien de gens peu instruits, illettrés même, ne sachant ni lire, ni écrire (il y en avait en France et il y en a encore), qui possèdent une excellente mémoire : non seulement excellente pour leurs affaires personnelles et surtout leurs intérêts, mais encore pour les faits historiques, les événements dont ils ont été témoins, les lectures qu'ils ont faites ou les récits qu'ils ont entendus !

Généralement les gens peu instruits n'ont que des mémoires spécialisées à un ordre de choses, localisées dans un milieu où elles évoluent à l'exclusion de tout autre. Mais combien fortes sont ces sortes de mémoires !

Premier exemple

J'ai connu un paysan, un Champenois, âgé de 50 à 55 ans, ne sachant ni lire, ni écrire, qui dirigeait une importante ferme dont il venait vendre les produits chaque semaine à la ville, le jour du marché. Le soir venu, la vente faite ainsi que quelques achats soit pour son usage personnel ou familial, soit pour son exploitation agricole, il se *recueillait* au milieu de la foule, malgré les bruits divers et peu harmonieux des paysans qui s'apprêtaient à retourner dans leurs villages, et il faisait son compte d'argent mentalement. Au bout de quelques minutes, il comptait ce qu'il avait en poche. Son air satisfait (il avait alors la mine d'un homme ayant trouvé ce qu'il cherchait), ne laissait aucun doute sur le résultat demandé à sa mémoire : la somme d'argent trouvée dans sa bourse était exactement celle qu'il avait calculée devoir y exister. Un caissier de maison de commerce même peu importante serait bien incapable d'en faire autant. Et à quoi bon d'ailleurs ? N'a-t-il pas son livre ? Mon paysar illettré était une forte tête et une bonne mémoire.

Deuxième exemple

Voulez-vous me permettre de vous dire un autre fait dont j'ai été témoin? Un épicier, patron d'une assez bonne maison où il avait débuté comme commis, était devenu aveugle plusieurs années après avoir acquis son fonds de commerce. Son infirmité ne gênait en rien la conduite active et fort intelligente qu'il donnait à ses affaires. Une fois par semaine, il faisait dans les environs de la ville ce qu'on appelle une tournée, c. à d. qu'il allait visiter ses clients et prenait leurs commandes. Un jeune commis l'accompagnait et devait prendre note des divers et multiples articles, quantités, qualités et prix qui étaient demandés. C'était environ une centaine de clients qu'il visitait ainsi et les commandes comprenaient une dizaine d'articles en moyenne pour chacun d'eux. Il arriva qu'au retour d'une de ces tournées, le jeune commis, un peu trop étourdi, égara le livre de commandes. Ce ne fut que *deux* jours plus tard qu'il avoua cette importante et fâcheuse distraction. Fâcheuse ! non : vous allez voir. Notre aveugle, après un violent accès d'humeur, car il était sanguin et très enclin à la colère, se fit apporter un grand pot de bière (il était ainsi buveur) et plusieurs cigares : c'était un graud fumeur (il avait bien des... qualités !). Puis en moins de 2 heures buvant comme un trou de sable et fumant comme une locomotive, il dicta, sans rien oublier, sans rien modifier, sans erreur en un mot, toutes les commandes prises l'avant-veille. Pendant ce furieux effort de mémoire le front du patron ruisselait de sueur. Voilà évidemment un exemple de forte et solide mémoire et chez un homme d'une intelligence très médiocre, sauf pour son commerce.

Mémoire spécialisée

On peut donc affirmer que la mémoire n'est pas l'apanage exclusif des gens instruits, des intellectuels. Et même, je crois qu'on trouverait moins de bonnes mémoires chez ceux-ci que chez les autres, parce qu'ils en ont moins besoin, ayant la facilité d'y suppléer par l'écriture, les livres.

Exemple d'une mémoire spéciale à un ordre de choses

Encore un exemple de mémoire assez surprenant et, si je le cite, c'est pour pouvoir affirmer avec faits à l'appui que les mémoires extraordinairement fortes sont localisées : elles ne portent que sur un ou deux genres de faits ou d'idées. J'ai connu le caissier central (il est décédé maintenant) d'une grande administration, une de nos grandes compagnies de chemins de fer, qui récitait l'Enéide de Virgile depuis le premier jusqu'au dernier vers et depuis le dernier jusqu'au premier, et si vous lui citiez un des vers de ce poème, quel qu'il soit, il pouvait immédiatement et facilement réciter les suivants ou les précédents dans leur ordre. Ce même Monsieur, qui était instruit et distingué (le poste qu'il occupait était important certes), mais qui était furieusement original et parfois ridicule, pouvait jouer sans regarder les échiquiers deux parties d'échecs simultanément. Évidemment, c'est par effort de mémoire qu'il voyait mentalement la position des pièces de chaque jeu.

De ces exemples je conclus de nouveau que les très fortes mémoires, les mémoires exceptionnelles sont localisées. Ce n'est pas celles-là que je vise dans ce travail.

Qualités de la mémoire psychologiquement

La mémoire, au point de vue psychologique, est une *habitude intellectuelle*, une disposition permanente de l'esprit à penser de nouveau ce qu'il a déjà pensé. Cette puissance est en germe en nous ; elle devient puissance acquise par l'exercice ; c'est une fonction inconnue dans son essence, qui se développe et prend de la force par l'action, ainsi que l'intelligence, la volonté et les autres facultés.

Une bonne mémoire est prompte à apprendre (facilité et docilité pour acquérir vite et beaucoup) ; elle est tenace dans ses souvenirs (fidélité à conserver les connaissances acquises), et en troisième lieu elle est prompte à se rappeler (promptitude à rendre les souvenirs quand il en est besoin) (1).

Je ne m'occupe pas des autres considérations psychologiques qui peuvent être faites et au moyen desquelles les

---

(1) Les mots de cette phrase mis entre parenthèse sont tirés des *Leçons de psychologie* de M. Henri Marion.

psychologues ont établi les lois du rappel des souvenirs ; pas plus que je ne m'occupe des maladies de la mémoire, ni des affections physiologiques qui la détruisent ou la modifient en tout ou en partie. Je ne suis pas un savant, je ne suis qu'un homme de bon sens et ayant une définition des qualités composantes de la mémoire ; je vais essayer d'établir leurs rapports avec l'écriture, indiquant les signes graphologiques que je crois être ceux des qualités de la mémoire ainsi définie. Remarquons seulement, et ce, pour appuyer encore sur son importance, qu'une bonne mémoire suppose le développement de la plupart des facultés. Dans un esprit bien fait, dans un caractère plein de bon sens et de raison, elle est comme le témoin qui atteste que toutes les autres fonctions de l'intelligence s'exercent régulièrement.

Composantes ou qualités de la mémoire

Les faits de mémoire ne sont pas des faits primitifs tels que penser, vouloir, sentir : on peut par conséquent établir de quelles conditions dépendent leur degré et leur force.

Promptitude à apprendre et facilité à retenir

Pour la promptitude à apprendre comme pour la facilité à retenir, les conditions ou, si l'on aime mieux, les composantes sont, en premier lieu : l'*intensité* et la *vivacité* de l'impression ; et cette vivacité provient elle-même de la puissance native de l'intelligence et de la sensibilité, comme aussi d'une cause extérieure, la nouveauté, ou l'originalité, ou l'importance de l'objet qui s'est présenté à l'esprit ; mieux le sujet sera doué sous le rapport de ses facultés intellectuelles et sensibles, plus les impressions seront fortes et durables.

En second lieu, ces conditions sont l'*attention*. L'attention accordée aux impressions particulières qui sont le point de départ ou la racine du souvenir n'a pas une moindre importance, car plus nous sommes attentifs, plus nous apprenons vite et pour longtemps, ce que nous voulons apprendre.

En troisième lieu, ces conditions consistent dans la *répétition* : la mémoire est une habitude, et, comme toute habitudes, elle a besoin de se renforcer par le renouvellement multiplié des mêmes pensées qu'elle doit retenir.

Promptitude à se rappeler

La vivacité des impressions, leur intensité, l'attention et la répétition qui exercent une grande influence sur les deux premières qualités de la mémoire, agissent aussi sur la troisième : la promptitude à se rappeler ; car il est évident que les souvenirs acquis dans ces conditions ont une tendance en quelque sorte naturelle et spontanée à réapparaître. Néanmoins, pour expliquer comment certains souvenirs enfouis et précieusement gardés dans les mémoires, qui y sommeillent et attendent l'évocation du réveil, surgissent tout à coup de préférence à d'autres, il faut faire intervenir une composante, une condition spéciale à cette troisième qualité. Cette condition c'est l'*association des idées* ; il y a un lien entre un état de conscience et le suivant. Permettez-moi de citer cet exemple tiré des leçons de philosophie de Me Rabier : « Je pense à la pluie : pourquoi ? Parce que j'ai vu le ciel chargé de nuages. Je pense au tonnerre : pourquoi ? Parce que j'ai vu l'éclair. Je pense à Napoléon Ier : pourquoi ? Parce que tout à l'heure je pensais à César ou à Alexandre. Dans tous ces cas, l'idée à laquelle j'aboutis est évidemment déterminée par l'idée antécédente. Si l'idée antécédente eût été autre, autre ainsi eût été l'idée subséquente. Si, par exemple, au lieu de penser à Alexandre, j'eusse pensé à Socrate, il est infiniment probable que je n'eusse pas, l'instant après, pensé à Napoléon ». L'association des idées est donc la grande loi du rappel des souvenirs. Cependant la *volonté* et l'*effort d'attention* jouent aussi un rôle dans ce rappel : un peu de réflexion nous met sur la trace d'un souvenir, la volonté agissant avec plus d'intensité provoque l'effort d'attention et cette trace d'un vague souvenir devient un chemin qui nous remet présent à la conscience le fait recherché. Mais c'est en suivant les lois des associations des idées que se produit le mécanisme du rappel des souvenirs : nous ne pouvons nous y soustraire.

Conditions physiologiques.

Il est bien entendu que nous ne nous occupons que de la mémoire des gens sains de corps et d'esprit. Car la vigueur de la santé favorise son développement, la maladie l'affaiblit et parfois hélas ! la tue. La mémoire est plus vive chez le jeune homme, plus sûre chez l'homme fait, et décline chez le vieillard, qui oublie les faits récents et se remémore facilement

les faits lointains qu'il a emmagasinés pendant des années
de vigueur et de vie intense.

*Signes graphologiques correspondant aux composantes
des trois qualités de la mémoire.*

Les conditions ou composantes des trois qualités de la mémoires ainsi fixées, il ne nous reste plus qu'à chercher les
signes graphologiques qui les dénotent, et à les indiquer.

L'*intensité* et la *vivacité* de l'impression proviennent de l'intelligence dont les trois principaux éléments sont avec l'activité, la simplicité, la modération et la distinction :

1° l'imagination réglée indiquée par des mouvements de
plume aisés, gracieux, harmoniques et d'un développement
modéré (majuscules assez grandes, panses de lettres renflées
modérément, courbes gracieuses, etc.).

2° la réflexion, dont les signes graphologiques sont : la
sobriété de l'écriture, l'ordre et le soin, pas de trop grands
mouvements de plume, ponctuation judicieuse, soulignements
nécessaires non omis, marges bien tracées, suscription et disposition de l'adresse clairement agencées, etc.

3° la clarté d'esprit, ayant pour signes graphologiques :
l'écartement assez grand et surtout régulier des lignes,
des mots et des lettres, une écriture lisible, ordonnée et dont
les lignes sont à une distance telle, que les jambages de l'un
n'empiètent pas sur l'autre.

4° Elles ont aussi pour condition, cette intensité et cette
vivacité d'impressions, la sensibilité modérée dont les signes
graphologiques sont : une écriture assez inégale dans ses
dimensions, mouvements, formes et directions des lettres,
mots et signes ; assez inclinée sur la droite, légère et dont
les lettres sont séparées dans les mots.

La troisième qualité de la mémoire, l'*attention*, a pour éléments : la constance, la modération et la réflexion. Les signes
graphologiques de la constance sont : la similitude des formes
du graphisme, autrement dit une écriture régulière, la recti-
tude des lignes, les signes de ponctuation, d'accentuation
ainsi que les barres du *t* de forme et d'intensité égales et de
position judicieuse. Une écriture ferme, active et sans inégalités choquantes est un bon signe de constance.

Les signes de la modération sont : la régularité de l'inclinaison de l'écriture et la sobriété ; si les lignes sont montantes,
qu'elles montent *modérément* et qu'elles soient ramenées à
leur angle normal si elles l'avaient dépassé.

Et les signes de la réflexion consistent principalement dans le bon arrangement coordonné de l'écriture (marges, alinéas, disposition de l'adresse dans le but de la rendre plus facile à lire rapidement, retouches discrètement et légèrement faites [imperceptibles si l'on pouvait] quand on se relit, et d'autres signes de même famille).

L'association d'idées, qui est comme la loi du rappel des souvenirs, a pour signes graphologiques ceux de la déductivité, soit les lettres liées les unes aux autres, généralement le *d* minuscule formé d'un seul trait de plume tourné et revenant vers la droite se lier à la lettre suivante *(je parle de l'écriture latine, la seule que je connaisse)* ainsi que des formes analogues pour le *p* minuscule ; les doubles *ss*, *ff*, etc., etc.

Enfin la *volonté*, dont les signes graphologiques sont trop connus et trop nombreux pour qu'il soit bien nécessaire de les décrire actuellement. Cependant pour la volonté considérée comme condition de la mémoire, je crois que ceux de la volonté constante (l'égalité de formes soit des barres de *t*, soit des autres traits et l'absence d'omission de ces barres) sont à indiquer spécialement ; il en est de même de ceux de la volonté tenace (les petits crocs ou harpons aux finales, surtout aux finales des barres de *t*) et même de ceux de l'entêtement (angulosité du graphisme) et de l'obstination (barres en retour). Ces signes de volonté sont à mon avis les plus importants, les plus *significatifs* au point de vue de la mémoire. Quant à l'*effort d'attention*, il faut le trouver dans la réunion, la concordance des signes de volonté que je viens d'indiquer et ceux de l'attention détaillés ci-dessus.

Conclusion

Tels sont les signes graphologiques que je regarde comme indicateurs de la mémoire. Mais s'il fallait faire un choix dans toutes ces indications et mettre en relief les signes qualitatifs de la mémoire, comme dirait certainement M. Crépieux-Jamin, nous donnerions la préférence aux signes de *réflexion* et de *clarté d'esprit réunis*, c'est-à-dire que dans la quantité de résultantes possibles pour fixer éventuellement la mémoire, c'est à celles que nous venons de faire allusion qu'il faut donner la préférence pour la plus grande probabilité.

Comme on peut le voir, M. Manvieu, M. Mayeras et moi nous sommes d'accord, à un iota près, sur ces signes ; mon travail n'est que le développement de leurs bonnes idées. Il indique surtout les divisions qu'il convient de faire dans les composants de la mémoire. Et la conclusion qui se dégage de mon étude est surtout celle que je faisais pressentir dans mon introduction, à savoir que les signes graphologiques de la mémoire sont nombreux et que la mémoire elle-même est une *résultante ultime* des fonctions intellectuelles. Nous pouvons en chercher les signes dans les écritures harmoniques avec une assez grande sûreté; mais peut-être faudrait-il fouiller beaucoup plus profondément la question pour les déterminer dans les écritures inharmoniques et frustes qui, par la forme élémentaire des gestes graphiques, n'enregistrent pas les signes subtils qui favoriseraient la détermination de la mémoire.

J. ÉLOY.

La question graphologique de la MÉMOIRE

Communication faite au Congrès le 24 Mai 1900

Comme autrefois la nature, la graphologie a horreur du vide, nous voulons dire — des lacunes que présente encore son état d'avancement, et, comme les autres sciences expérimentales et d'observation, elle cherche à se compléter. C'est pourquoi, justement épris du domaine qu'il cultive, plus d'un graphologue propose parfois des innovations ou des amendements, qui provoquent et obtiennent le contrôle ; car, dans notre Société, fort éloignée cependant d'être un cénacle d'apologie mutuelle, nous ne redoutons pour nos propositions qu'une forme de critique, — le silence. Il nous a semblé que les grandes assises intellectuelles qui viennent de s'ouvrir sont une occasion des plus favorables de faire connaître, tels qu'ils se produisent parmi nous, les débats préliminaires à l'admission ou au rejet d'un signe graphique nouveau, sous réserve de l'expérimentation qui prononce toujours en dernier ressort.

Au premier rang des fortes poussées vers la graphologie de l'avenir, signalons celle qui tend à la découverte du signe de la *Mémoire* dans l'écriture. Ce signe existe-t-il ? Peut-on le préciser ? Quelle est, en ce moment, la position de la question ? Il est évident qu'il s'agit seulement de la révélation graphique de la « grande mémoire », — de la « bonne mémoire », comme on dit couramment, — car, à l'exception des personnes affligées d'amnésie, nous possédons tous cette faculté dans une mesure quelconque. A l'état moyen, elle ne constitue pas dans le caractère une particularité à noter, et si le problème proposé reçoit une solution positive, il se sera d'ailleurs facile d'en déduire les caractéristiques des degrés inférieurs.

Pour Bescherelle, la mémoire est la « faculté de *conserver* dans l'esprit les impressions et les images des objets dont nos sensations nous ont donné la notion ; de *rappeler* au besoin et à volonté ces impressions, ces images, en l'absence même des objets qui les ont produites. » Pour être plus concis, Littré a supprimé la première partie de cette définition, estimant d'ailleurs que l'acte de rappeler implique celui d'avoir conservé.

Si elle n'est pas au premier rang de nos attributs psychiques, la mémoire possède néanmoins une importance indéniable. On a dit, d'une manière figurée et fort suggestive, qu'elle est le « garde-manger » de l'âme, et aussi qu'elle « approvisionne de combustible le foyer intellectuel » (1). Sa fonction consiste donc, en d'autres termes, à fournir à l'intelligence des matériaux indispensables ; par là, elle contribue à l'efficacité de celle-ci et parfois même à son développement. Présentée sous cette forme simple, elle ne fait point songer de prime abord à la multiplicité de ses modes, que nous allons énumérer sommairement.

Les Latins distinguaient le pouvoir d'*acquérir* un souvenir, celui de le *conserver* et la combinaison de l'un avec l'autre, d'où trois cas : *memoria arenea, m. marmorea, m. cerea*. La mémoire de « sable » reçoit aisément l'empreinte, mais ne la conserve pas, il suffit d'un souffle pour l'effacer ; celle de « marbre » est difficilement mais durablement impressionnée ; celle de « cire » participe des deux précédentes et, partant, est la plus complète ; elle était assimilée métaphoriquement à la tablette de cire où le style gravait le souvenir à retrouver.

Mais on peut distinguer la même faculté sous d'autres aspects et signaler notamment la mémoire *imaginative*, dont le cas le plus frappant est celui du joueur d'échecs qui conduit « à l'aveugle » et simultanément un certain nombre de par-

---

(1) M. Rolin : *La Graphologie*, Février 1892.

ties. A chaque coup annoncé, il doit voir mentalement avec une parfaite netteté le diagramme qui s'y réfère, et la combinaison complexe qu'il fonde sur cette donnée comprend, chaque fois, une succession considérable de tableaux aussi précis que s'ils étaient devant ses yeux.

Nos sens peuvent, de leur côté, posséder chacun une mémoire spéciale. La *vue* et l'*ouïe* acquièrent chez le Peau-Rouge une impressionnabilité surprenante dont les effets se continuent par le souvenir. L'aveugle et le sourd développent en eux des spécialités mnémoniques qui leur sont d'un secours précieux, d'origine *auditive* et *tactile* chez le premier, *visuelle* chez le second . Le fin dégustateur ne rend son verdict sur la nature, la provenance, la date ou la qualité d'un produit qu'en vertu d'une faculté particulière qui lui vient à la fois du *goût* et de l'*odorat*, mais en y associant des comparaisons très subtiles dont certains termes sont absents et parfois d'acquisition ancienne.

On pourrait ajouter à cette série la mémoire des idées, des mots, des chiffres, des physionomies, etc. Ces cas divers ne s'excluent ni ne s'impliquent mutuellement. — Le Dr Gall, dans son système de phrénologie, avait affecté, à l'origine, quatre protubérances craniennes, sur 27, à des mémoires spéciales. — Il faut donc reconnaître que parler d'un signe unique de la mémoire serait, selon toute apparence, un non-sens. Les nombreuses espèces pourraient être reconnues dans un autographe si elles possédaient chacune un mode spécial de manifestation graphique, mais chercher ces signes révélateurs exposerait à bien des mécomptes. La raison nous en a été donnée par un de nos confrères les plus appréciés, le savant M. J. Héricourt, qui l'a énoncée en ces termes : — « Il « ne faut pas oublier que la dynamique de l'être vivant est « seule susceptible d'une observation directe, et que tout ce « qui se rapporte à son état statique, à ses forces latentes — « et la mémoire est de celles-ci, — ne peut être reconnu qu'indirectement » (1). C'est, en termes plus techniques, l'opinion de l'abbé Michon, qui voyait dans le geste graphique direct la révélation des forces de l'âme.

Or aucune des forces latentes déjà citées ne possède une manifestation par la voie de l'écriture, mais il est une grande division de la mémoire que nous avons tenue en réserve et

---

(1) *La Graphologie*, Janvier 1892.

sur laquelle s'est appuyé M. Rolin, professeur de mnémotechnie, en formulant une doctrine que nous ferons connaître.

La faculté dont nous parlons est, dans un certain sens, *active* ou *passive*. Supposons deux hommes doués de la même puissance sous le triple rapport de l'acquisition, de la conservation et du rappel des souvenirs. Ils assument la tâche d'apprendre, dans un même espace de temps, une tragédie de Corneille et ils obtiennent un succès égal ; un an après, ils récitent avec la même fidélité l'œuvre apprise. Leur mémoire est-elle du même degré ? Oui. De la même valeur ? non certes, si l'un des deux concurrents possède sur l'autre une supériorité marquée de certaines qualités, telles que l'attention, l'activité, la réflexion, l'appréciation, etc. Tandis que l'un d'eux aura conservé strictement le texte du poète, c'est-à-dire les vers et les pensées qu'ils expriment, son compétiteur n'aura pu en effectuer la lecture sans juger, au moins sommairement, les beautés du fond et de la forme et incorporer ces jugements successifs au souvenir littéral. Le plus intelligent aura donc ajouté à une richesse venue du dehors une autre richesse, qui, provenant de lui-même, contribuera fortement à mettre la précédente en valeur et à la maintenir à l'état d'utilisation immédiate en faveur de tous sujets éventuels connexes par certains côtés. Il possède la plus qualifiée des mémoires, celle qui associe d'une manière fructueuse à la nature réceptive de cette faculté l'activité d'autres facultés co-existantes et reçoit, pour cette raison, l'épithète d'*active*, indirectement justifiée.

A l'appui de cette distinction théorique, veut-on nous permettre de citer un souvenir personnel ? Un de nos condisciples qui passait, au collège, pour « la plus pure gloire du littéral », possédait une intelligence médiocre. Il commença par moissonner des palmes, mais, à mesure qu'il montait vers le faîte des études classiques, ses succès descendaient les échelons. Il ne pouvait traduire Tacite sans le consteller de contre-sens, mais il en récitait sans faillir une page lue trois fois. Au cours de géométrie, personne aussi magistralement que lui ne démontrait un théorème..., jusqu'au jour où le professeur, non sans ébaucher un sourire malicieux,

changea sur le tableau noir les lettres de la figure que le
« petit prodige » venait de tracer ; l'enfant pâlit, balbutia,
puis, reprenant subitement courage, il ferma les yeux et
récita d'un trait le texte de Legendre et Blanchet, qui ne
s'appliquait plus à la spécialité du diagramme. Pendant le
déclin de ce météore, avait lieu l'ascension continue d'un
émule longtemps tenu au second plan. Celui-ci, plein de
talent, très laborieux, mais réfractaire au mot à mot d'un
récit, dirigeant ses efforts vers l'acquisition des idées les
plus utiles, qu'il savait féconder par la réflexion et le jugement, accrut sa mémoire d'une manière appréciable, sans
dépasser cependant la moyenne, mais il gagna en profondeur
de savoir ce qu'il ne put acquérir en étendue, et la personnalité de son talent s'accrut en raison même de sa lutte contre
les souvenirs parfois rebelles.

Cette mémoire active, que nous avons essayé de définir avec
soin, est devenue, depuis quelques années, l'unique champ
des recherches relatives à un signe indirect de la « grande
mémoire ». Le mérite de l'initiative en appartient à M. Rolin,
déjà nommé, qui, en 1892, publia un article sur ce sujet
dans le journal *la Graphologie*. Au cours d'une controverse
des plus brillantes où intervinrent notre distinguée Vice-Présidente d'honneur Mme Ungern-Sternberg et notre bien
regretté confrère Jules Vacoutat, le professeur très expert
lutta vaillamment, la plume au poing, pour la défense de son
système. M. J. Héricourt, avec sa grande autorité, vint, en
dernier ressort, émettre quelques vues des plus lumineuses.
Mais deux circonstances faisaient, croyons-nous, obstacle à
l'entente. M. Rolin avait emprunté à Bouillet, en l'écourtant,
une définition ainsi rendue critiquable — à notre avis, — qui
ferait de la mémoire la faculté, non plus de conserver et de
rappeler le souvenir, mais de le *ressusciter*. Il avait, d'autre
part, promis un signe graphologique d'une grande mémoire
(sans autre épithète), tandis qu'il devait, à la fin du débat,
mieux préciser sa pensée et conclure avec une sage réserve.
Son système, qu'il a légitimement passé sous silence, requiert
de l'élève trois conditions pour lui assurer un succès complet,
quel que soit le point de départ; ce sont: la *fermeté*, la
netteté et la *promptitude* de l'esprit. Ces trois éléments une
fois constatés dans une écriture, on pouvait résolument dia-
gnostiquer une grande mémoire « en *germe* ou en *épanouis-*

sement ». Cette solution ne permettait donc de conclure positivement qu'à un état potentiel. Il faut certes voir là un résultat précieux pour la psychologie et la culture mnémonique, mais malheureusement insuffisant au point de vue de notre science.

La semence jetée en terre tendait cependant à des germinations nouvelles. Peu de temps après (1), M. Mayeras, secrétaire général de notre société, nous faisait connaître une conversation avec notre confrère M. Manvieu, un des plus fidèles dépositaires de l'enseignement de l'abbé Michon, et la résumait en ces termes : — « *L'assimilateur pratique, observateur, attentionné, minutieux et sensible* est, à coup sûr, un homme de mémoire ». A la thèse de M. Rolin, qui, à l'origine, avait semblé hardie, en succédait ainsi une autre plus affirmative encore. La possibilité d'un germe resté latent n'y était plus envisagée ; nous recevions l'assurance formelle de l'acquisition d'un signe graphique d'une grande mémoire effective et spontanément acquise. La compétence incontestable de l'auteur n'eut point pour effet de rouvrir une discussion qui venait à peine d'être close. Il nous reste à présenter quelques considérations, qui, dans notre pensée, seront applicables au contrôle de la thèse de M. Manvieu.

Depuis lors, cette question avait paru sommeiller, lorsque, en 1898 (2), M.J. Eloy, membre de notre Conseil et du Comité de rédaction de notre organe périodique, entra en lice à son tour. Dans l'écriture de Mgr Cortet, évêque de Troyes, il crut reconnaître la « grande érudition » et, par voie de conséquence, la « grande mémoire ». C'eût été parfait s'il avait possédé un signe direct de la grande érudition, mais il dut le remplacer par une résultante à laquelle il manque, et pour cause, un élément indispensable : — la *grande mémoire* elle-même, c'est-à-dire l'inconnue du problème à résoudre.

Aussi notre confrère nous a-t-il présenté plus tard une nouvelle combinaison qui n'encourt pas la même critique ; elle comprend quatre composantes :

---

(1) *Graphologie*, Janvier, 1893.
(2) *Graphologie*, Mai-Juin 1898.

1º *Intensité et vivacité de l'impression ;*
2º *Attention ;*
3º *Association d'idées ;*
4º *Activité intellectuelle* (ou *effort d'attention*).

Si l'on se reporte à la doctrine de M. Rolin interprétée dans son esprit et appuyée sur une longue expérimentation, ces conditions sont favorables au développement *voulu* et *poursuivi* de la mémoire et, par là, méritent faveur. Mais c'est, encore une fois, jusqu'ici du moins, l'état potentiel. A quoi reconnaîtrons-nous que le résultat reconnu possible a été voulu et poursuivi ? M. Eloy répond en ces termes : — « La » mémoire est une *habitude intellectuelle*, une disposition » permanente de l'esprit à penser de nouveau ce qu'il a pensé. » Cette puissance acquise, cette faculté inconnue dans son » essence, se développe et prend de la force par l'exercice, » ainsi que l'intelligence, la volonté et les autres facultés ».

L'exercice... Là réside la difficulté qu'a dû rencontrer notre confrère quand il a voulu parfaire son système. Comment faut-il interpréter cet élément du problème ? Évidemment en se référant à la résultante, qui, pour être complète, doit le contenir. Or l'exercice n'étant ni une faculté, ni un penchant et ne pouvant se traduire par un signe dans l'écriture, il a fallu trouver, à sa place, une force psychique qui l'implique nécessairement ; cette force, on l'a ainsi exprimée : — « *Activité intellectuelle, effort d'attention* ». Il ne s'agit donc pas de l'usage pur et simple de la mémoire livrée au hasard des faits quotidiens, puisque l'effort est requis. Nous comprenons très bien que cet effort, s'il est pratiqué comme il convient et avec persévérance en vue du perfectionnement dont il s'agit, et si les qualités dont il s'accompagne sont des plus propices, produira un notable accroissement de cette faculté, comparativement à l'état initial. C'est *l'auto-culture* substituée à l'éducation spéciale donnée par un maître.

Mais comment saurons-nous que cet exercice rationnel et prolongé a eu lieu ? L'écriture qui nous aura révélé l'activité intellectuelle, n'aura pu nous en indiquer l'emploi, car l'orientation de l'effort change avec les milieux. Le dactylographe ou le copiste ne fera vraisemblablement pas une dépense persévérante de volonté pour développer une faculté que, au point de vue de son utilité personnelle, il tient pour très secondaire. L'orateur, au contraire, et le protagoniste de théâtre auront souci d'accroître autant qu'il dépend d'eux le fond mnémonique que la nature leur a départi. Il est constant, d'autre part, que si une mémoire ordinaire et une mémoire ingrate reçoivent le même traitement et progressent dans une égale mesure, la première aura pu atteindre un niveau élevé sans que la seconde ait dépassé la moyenne banale. Ajoutons enfin que, pendant la période antérieure au succès, la graphologue trop affirmatif s'exposera à être convaincu d'erreur ; s'il est prudent, il devra, même dans les cas les plus favorables, se borner au diagnostic d'un état latent très perfectible.

Telle est notre opinion. M. Éloy, enfermé, comme il l'était, dans un cercle de déductions exclusivement spéculatives, paraît s'être rapproché du signe cherché autant que le permettent les données graphologiques présentes. Mais il est des problèmes qui, malgré le talent avec lequel on les résout, aboutissent rigoureusement à une équation d'indétermination.

Cependant la science, toujours progressive, nous réserve bien des satisfactions imprévues. Nos confrères, d'ailleurs, ont une foi capable d'aplanir les obstacles qui masquent au regard le but et le chemin. Quand on les voit à l'œuvre, on songe au mot bien connu : « Si cela est possible, c'est fait ; si c'est impossible, cela se fera ».

Léonce VIÉ,
Vice-Président de la Société de Graphologie.

DES MOYENS DE FAVORISER
le Développement scientifique
DE LA GRAPHOLOGIE

La graphologie a passé par trois périodes. Dans la première il ne semblait pas que des observations exactes, dans le sens scientifique du mot, pussent jamais se faire à son sujet. Elle était considérée comme une affaire de sentiment qui ne comportait que des indications vagues: chacun les appliquait selon son tempérament. Gœthe écrivait à Lavater que l'écriture donnait au moins des pressentiments de la manière dont un homme agissait et opérait, mais il ne voyait pas là les éléments d'une science. « On pourrait bien réussir dans quelques cas isolés, disait-il, mais vouloir faire de la réunion du tout, une certaine méthode, cela réussirait difficilement à qui que ce soit. »

Ce fut l'opinion générale jusqu'à l'abbé Michon, le grand initiateur de la seconde période. En vingt années, de 1862 à 1881, il réunit en un corps de doctrine les opinions et les faits concernant l'écriture dans ses rapports avec le caractère et lui donna le nom de graphologie. Le talent d'orateur de l'abbé Michon, sa fougue, la persistance et l'originalité de ses efforts, déterminèrent le succès de son œuvre. Sa grande préoccupation fut de ne pas laisser confondre les procédés de la graphologie avec ceux de la chiromancie. Il évita ainsi le plus redoutable des écueils, la confiscation de la graphologie par le charlatanisme.

Cela nous permet, sans autre transition, d'entrer dans la troisième période de développement, celle des recherches expérimentales.

Michon a satisfait les curieux, il faut maintenant satisfaire les savants. La tâche est plus ardue. Tandis que l'à peu près borne l'ambition des premiers, les savants ne sont contentés que par un idéal dont ils reculent sans cesse les limites. Autre chose est de découvrir une science d'observation ou de faire des observations scientifiques. Mais le but auquel nous tendons est plus haut encore, c'est d'appliquer un raisonnement rigoureux à l'étude expérimentale des faits. Sans doute ce but est lointain ; il faut le viser cependant et donner à notre vœu la réalité d'une idée directrice.

L'avènement d'une graphologie scientifique — je m'expliquerai tout à l'heure sur ce terme ambitieux, dont je n'abuserai point — aura des conséquences que je me garderai bien d'indiquer par anticipation, mais on verra des choses étonnantes quand nos psychologues et nos physiologistes serviront ses progrès. L'ont-ils délaissée jusqu'ici ? C'est l'apparence seulement : notre époque voit le triomphe des sciences expérimentales qui intéresse directement la graphologie. Elle profitera des grands mouvements de recherches actuels ; mais comme science biologique plus complexe que les autres, elle est nécessairement en retard. Son tour viendra cependant et il ne tient qu'à nous, en somme, qu'il vienne tout de suite.

Quelles conquêtes devons-nous entreprendre ?

Le travail persévérant qui perfectionne la science veut encore être orienté, organisé, et nécessite un enchaînement logique dans les idées et dans les efforts.

Quel plan sera le nôtre ?

Nous allons essayer de le dire.

Les membres du Congrès, qui sont initiés, nous dispenseront de faire ici l'exposé de l'état actuel de la graphologie.

Nous savons tous qu'elle repose sur une idée fondamentale maintenant incontestée, à savoir que l'écriture enregistre le geste, qui lui-même révèle le caractère.

Ces gestes se rattachent à une quarantaine de mouvements que nous appelons *signes généraux* : c'est l'écriture grande, ou petite, ou lente, ou épaisse, etc.

Ces signes se manifestent par des modes nombreux, parfois très subtils et spécialisés dans des formes si particulières qu'on en avait fait jadis des signes indépendants, des entités graphologiques. Telles sont les particularités qui semblent s'attacher à la forme d'un trait, d'une lettre ou d'un groupe de lettres.

Quand les signes généraux s'offrent à nous sous l'aspect de leurs grandes manifestations, ils nous fournissent des renseignements assez sûrs et faciles à utiliser. Une écriture grossière éveille l'idée d'ignorance ou de grossièreté. Une écriture mouvementée dit l'imagination, l'agitation, l'impressionnabilité. L'écriture bizarre révèle l'excentricité, l'écriture rapide l'activité, l'écriture petite la minutie, etc., etc. Ce n'est peut-être pas la vérité absolue, mais en général elle n'est pas loin de là.

Il en va autrement des modes de ces signes dont les significations sont très insuffisamment fixées. Par exemple, l'écriture grossière signifie ignorance ou grossièreté, mais que veulent dire tels ou tels traits grossiers semés dans une écriture ? Quelle signification s'attache au trait grossier selon qu'il affectionne telle ou telle lettre? Pour quelles raisons un écrivain déforme-t-il certains caractères graphiques dans le sens de l'écriture grossière plutôt que certains autres ? La question est entièrement à résoudre, mais elle a déjà été simplifiée par la découverte de ce principe *qu'il n'y a pas de signes particuliers indépendants, mais seulement des modes de signes généraux.* Si le mode n'a pas encore sa nuance, l'application du principe que nous venons d'énoncer fixe au moins sa couleur.

Sans aller plus loin, on voit que pour obtenir un grand progrès dans la graphologie, il suffirait de mieux étudier les signes généraux de façon à y rattacher étroitement les modes qui en dépendent. On y parviendrait en faisant la monographie détaillée de chaque espèce graphique ; de ce travail sortiraient au moins des vues sur la hiérarchie des modes. Si insuffisamment que cela ait été établi pour un seul signe, l'écriture inégale, les résultats ont dépassé nos espérances.

Quelle était pour l'abbé Michon la caractéristique de l'écriture inégale ? Un petit signe graphologique qui se rapportait aux lettres de différentes hauteurs et signifiait inconstance, mobilité. Une meilleure observation a montré que l'inégalité est une qualification applicable à tous les signes et dont l'importance est extrême. C'est l'indice capital de l'émotivité.

Il a suffi d'étudier avec un peu de méthode cette espèce graphologique pour transformer tout un chapitre de la science. D'un seul coup 44 modes ont été classés, ramenés à leur souche commune et plus logiquement interprétés.

Une monographie de chacun des signes généraux provoquerait des découvertes surprenantes, indépendamment de l'ordre que cela mettrait dans nos classements. Ce serait, dans tous les cas, un exposé dont la critique tirerait un grand profit.

Nos signes sont tous à contrôler : ils n'ont subi jusqu'ici

que des épreuves dérisoires, si on se place au point de vue scientifique, parce qu'on pense et qu'on juge d'après l'abbé Michon, le grand fondateur de la graphologie. Dans l'esprit de quelques graphologues, c'est une manière de rendre hommage à son génie. Si respectable que soit ce sentiment, il faudra cependant y renoncer en pénétrant dans le domaine des recherches scientifiques, parce qu'il serait un obstacle insurmontable au progrès. Le culte des grands hommes n'a pas nécessairement comme corollaire le maintien de leurs théories ; on les honore davantage en perfectionnant leur œuvre, c'est-à-dire en la transformant, puisque la science ne progresse que par de perpétuelles révolutions.

Claude Bernard a éloquemment montré dans son *Introduction à la Médecine expérimentale*, que le respect mal entendu de l'autorité personnelle serait de la superstition et constituerait un véritable obstacle aux progrès de la science : « L'idée dit-il, doit toujours rester indépendante, et il ne » faut point l'enchaîner, pas plus par des croyances scienti- » fiques que par des croyances philosophiques ou reli- » gieuses ; il faut être hardi et libre dans la manifestation » de ses idées, suivre son sentiment et ne point trop s'arrêter » à ces craintes puériles de la contradiction des théories. Si » l'on est bien imbu des principes de la méthode expérimen- » tale, on n'a rien à craindre, car, tant que l'idée est juste, » on continue à la développer ; quand elle est erronée, l'ex- » périence est là pour la rectifier ».

Soyons donc résolus, nous autres graphologues, à établir la valeur des signes à l'aide de bonnes monographies au lieu d'exhumer l'opinion des anciens maîtres. Que la méthode expérimentale qui ne s'appuie que sur des faits soit notre seul critérium.

Par les mots de méthode expérimentale, je ne veux pas seulement désigner le genre d'expérience fort utile, mais insuffisant, qui consiste à affirmer ou à infirmer une déduction graphologique d'après la connaissance que l'on croit avoir du caractère d'un scripteur ; j'entends parler de tous les moyens possibles d'investigation méthodiquement employés, aussi bien des procédés de raisonnement que des expériences de laboratoire.

C'est la seule façon d'attaquer et de détruire cette croyance surannée que l'étude des écritures n'est qu'une affaire de sentiment. Si elle est un art dans ses applications, elle relève de la science par toutes ses théories.

On a parlé de la graphologie, art ou science, je voudrais

dissiper à ce sujet toute équivoque. La graphologie maniée par un homme expérimenté, offre actuellement un haut degré de probabilité, mais non la certitude scientifique.

Il faut bien faire la différence entre nos moyens et nos résultats. On rendra scientifiques les bases de la graphologie, mais nos conclusions seront toujours subjectives. C'est-à-dire que la graphologie, qui est une science possible, quant aux moyens, ne sera jamais qu'un art pour les résultats. Or, le public n'envisage que ces derniers et l'équivoque consiste à vouloir que la graphologie soit une science, afin que ses résultats soient réputés scientifiques.

Proclamons loyalement que la graphologie est un art, puisque le public rapporte tout ce qu'on lui dit à la graphologie pratique. D'ailleurs, je ne vois pas le moindre inconvénient à ce que la graphologie soit définitivement considérée comme un art, sinon de choquer notre vanité. Mais est-ce qu'un compositeur de musique est vexé parce qu'on lui parle de son art en particulier et de l'art musical en général ? Cela n'empêche pas qu'il y ait une science de la musique sur laquelle ce compositeur se base. Il serait cependant risible, n'est-ce pas, qu'il veuille imposer ses productions comme des œuvres scientifiques. Pourquoi tomberions-nous dans un pareil travers ?

Il est évident que la graphologie est un art. En effet, nous nous manifestons personnellement dans la traduction des faits graphologiques, nous leur donnons une signification et une valeur dont la justification est dans notre tempérament. L'art enveloppe ici un savoir et repose sur des principes, mais ces principes, surtout pris isolément, ne sont pas encore incontestables et ce savoir est si peu adéquat à l'extrême complication des traits psychologiques que la pratique exige une perspicacité et une génialité d'artiste tout comme un portrait à la plume.

Le but de la graphologie expérimentale n'est donc pas d'obtenir des portraits scientifiques, mais de mettre des moyens scientifiques à la disposition du graphologue pour faire la plus belle œuvre d'art possible.

Dans ce but, nos recherches pourraient porter d'abord sur les modifications de l'écriture provoquées par l'usage et la tenue des diverses plumes ou porte-plumes et par la position du scripteur. Ce sont là des causes mécaniques très dédaignées jusqu'ici ; elles sont cependant plus importantes qu'on ne suppose et leur connaissance serait utile aussi bien dans l'expertise en écritures que dans la graphologie. C'est en vain qu'on atténuera les conséquences pratiques de cette lacune en alléguant la règle d'après laquelle nous ne devons faire un portrait que sur le vu de plusieurs documents qui se contrôlent mutuellement. Il y a quelque chose de plus fort que ce précepte protecteur, c'est la nécessité où l'on est parfois de ne pas s'y conformer. Dans ce dernier cas, le graphologue dont le savoir ne repose pas sur l'étude approfondie des causes risque de se tromper. Est-il bien doué pour la psychologie ? Sait-il combiner subtilement une résultante ? Cela ne lui sert de rien s'il prend une écriture artificielle ou modifiée pour un document auquel on peut se fier sans réserves. Nous pourrions appliquer à la graphologie ce que le grand Hippocrate disait à propos du traitement des malades : « Soignons les commencements ».

Il y a un intérêt théorique de premier ordre à étudier d'une manière approfondie la mécanique de l'écriture. Les savants refuseront aux bases de la graphologie le caractère scientifique tant que de telles investigations n'auront pas été faites. (Rappelons, à ce sujet, qu'il y a, au Laboratoire de physiologie-psychologique une plume d'Edison qui pourrait fournir des données intéressantes principalement pour les monographies de l'écriture lente ou rapide, arrondie ou anguleuse).

Un procédé accessoire pour étudier la mécanique de l'écriture c'est de regarder écrire les autres. C'est curieux ce qu'on apprend par cette observation élémentaire. J'en ai donné quelques exemples dans *l'Écriture et le Caractère*, en voici d'autres :

J'avais une correspondance avec un personnage possédant une écriture extraordinaire. Les mots étaient figurés par une série de grands bâtons secs. A plusieurs reprises, j'avais été questionné sur la signification de cette écriture ; je m'étais récusé en déclarant qu'elle ne me révélait pas grand chose. Un jour j'eus l'occasion de voir écrire mon correspondant. Il tenait son porte-plume, un énorme jonc, par l'extrémité, pour éviter la crampe des écrivains. En répétant son mouvement, on se rend bien compte que son graphisme est un dessin lâché, c'est-à-dire un mauvais document graphologique. Depuis ce temps, j'ai rencontré plusieurs écritures du même genre et j'ai pu tout de suite déterminer les conditions mécaniques dans lesquelles elles étaient tracées. C'est cette expérience là qu'il faudrait étendre à toutes les conditions anormales du graphisme.

Dans un autre cas, l'observation directe du mécanisme de

l'écriture m'a amené à critiquer un signe cher à tous les novices. Il s'agit des crochets en retour de l'*M* majuscule par
laquelle débutent la plupart de nos écrits.

Quant on commence une lettre missive, on n'est pas encore
lancé, on a une tendance à faire la première majuscule
comme une sorte de salutation convenue et selon la forme
cérémonieuse apprise dès l'enfance. Le mouvement centrifuge
du crochet peut bien indiquer ainsi la réflexion de celui qui,
commençant à écrire, se replie sur soi pour prendre son élan,
mais c'est une induction très précipitée que de vouloir tout
de suite découvrir là « l'égoïsme restreint à la famille ! »

Passons à un autre ordre de recherches.

L'étude du retentissement des causes psychologiques et
physiologiques est très compliquée. Le froid, le chaud, la
soif, la faim, l'ingestion de médicaments, les maladies, les
peines et les plaisirs, à tous les degrés, provoquent des tracés
particuliers dont l'explication ne saurait être recherchée
qu'en observant expérimentalement l'apparition des effets
produits. Nous avons indiqué, il y a quelques années, un
moyen d'expérimentation : c'est d'observer sa propre écriture
dans certaines conditions exceptionnelles de temps et de milieu, ou bien d'y surprendre les manifestations d'un sentiment
bien défini. Il est incroyable que ces expériences n'aient pas
été reprises. En est-il de plus faciles et de plus fécondes ?
Les résultats qu'elles fournissent sont très étendus et leur
comparaison ménagerait quelques surprises.

Les études de graphologie expérimentale à l'aide des suggestions hypnotiques telles que les ont instituées en 1886
MM. Ferrari, J. Héricourt et Ch. Richet, rentrent dans le
même ordre d'idées.

Je n'ai pas besoin de rappeler en quoi consistent ces expériences : elles sont connues de tous et ont été répétées d'ailleurs mais d'une façon tellement servile qu'il n'en est résulté
aucun enseignement nouveau. N'y aurait-il pas lieu de les
pousser à fond ? On peut en tirer un grand parti.

Si j'avais un sujet propice, je lui suggestionnerais deux
états d'âme, l'un le plus intense et l'autre le moins intense
possible, eu vue d'obtenir les éléments d'une notation. Quelle
que soit l'échelle établie, elle serait exacte relativement à
mon sujet. Un grand nombre d'expériences semblables per-
mettrait de généraliser l'échelle : les expériences tendraient
à obtenir un maximum et un minimum entre lesquels se pla-
cerait une graduation. Les degrés seraient marqués, il est vrai

par des chiffres conventionnels, mais toutes les graduations tombent sous cette objection.

Je suis convaincu que ces expériences donneraient la confirmation que l'égoïsme, l'orgueil, la vanité, l'autoritarisme, etc., ne sont que de simples variations du sentiment du moi correspondant à divers degrés de l'intensité de ce sentiment.

J'essayerais aussi d'employer les suggestions hypnotiques pour étudier la question si obscure de la volonté. Et si j'avais un sujet assez intelligent pour cela, je n'hésiterais pas à lui donner la suggestion qu'il est Dieu, c'est-à-dire cause efficiente et spontanée. Je prévois que le moindre résultat serait de démontrer que nos signes graphologiques correspondent médiocrement aux manifestations de pure volonté et que les moins encombrants sont probablement les meilleurs. C'est la question des signes qualificatifs qui s'offre à nous et il en sera ainsi chaque fois que nous ferons un pas en avant.

De quelque façon que les expériences hypno-graphologiques soient conduites, elles seront fructueuses pour l'observateur, pourvu qu'il ait la précaution de choisir une suggestion en rapport avec la nature compréhensive du sujet. Il est trop évident que si l'on suggère à un ivrogne incorrigible et grossier qu'il est Dieu, on n'obtiendra qu'une écriture d'alcoolique.

Si nécessaires que soient toutes les investigations dont nous venons de parler, il en est d'autres que nous ne saurions négliger sans compromettre nos résultats. Parlons, par exemple, de la didactique. Est-ce que nos procédés de mise en valeur des signes ne pourraient être perfectionnés ? J'ai vu beaucoup de graphologues exercer leur talent, presque tous sautent à pieds joints sur les solutions sans même avoir expertisé leurs documents. Ils n'ont pas appris, au début, à voir les écritures comme elles sont ; ils jugent au petit bonheur et réussissent de même.

Voilà, je crois, la source d'erreurs la plus considérable qu'il y ait : les bases de l'observation étant fausses ou insuffisantes, les déductions le sont nécessairement aussi.

Je me propose de reprendre cette question que j'ai déjà traitée plusieurs fois. En effet il est d'une importance capitale de persuader les graphologues que l'appréciation purement graphique des principales dominantes d'une écriture est une opération préliminaire dont nul ne peut se dispenser et qu'on n'apprend pas facilement tout seul.

Certaines personnes prétendent faire de brillants portraits

en se basant sur leur tact graphologique. Naturellement elles passent sous silence leurs résultats fantaisistes. Cependant si on examine leur assertion, on trouve qu'elles s'appuient en dernière analyse sur l'observation, mais celle-ci est superficielle. Si leurs succès reposaient sur une observation plus attentive ils ne seraient pas incertains et isolés. J'ai vu souvent que le manque d'esprit scientifique était la cause d'erreurs dont la graphologie, par elle-même, n'était nullement responsable, c'est pourquoi j'insiste sur la nécessité d'apporter dans l'examen des écritures, le raisonnement et la méthode qui ont donné de si précieux résultats dans les sciences. Améliorons nos procédés et laissons l'inspiration au second plan.

Les sciences ne se constituent pas toujours logiquement. Une foule de motifs qui n'ont pas de rapport avec le but qui sera poursuivi plus tard les font naître et leurs premiers progrès sont dus à la fantaisie autant qu'au génie des initiateurs. Cependant à mesure qu'elles se développent, la logique reprend ses droits et il apparaît comme l'évidence même que l'intuition des inventeurs est une base fragile en l'absence de l'esprit de méthode et des confirmations expérimentales.

C'est cette idée-là que je voudrais faire pénétrer chez les graphologues, car sans elle il n'y aura jamais de science graphologique.

Un autre perfectionnement qui se rattache à la question de didactique est celui de notre classification en Genres, Espèces et Modes. Elle n'est certes pas définitive, malgré son principe scientifique. En admettant que son cadre résiste, elle sera réformée sur plusieurs points parce que diverses espèces rentrent les unes dans les autres et que quelques-unes paraissent dépendantes de deux genres à la fois. Un exemple fera comprendre combien la question est complexe.

L'un des éléments fondamentaux de la classification des mouvements, est l'*Intensité*. Ce seul terme implique l'idée de de degrés dans l'action et, par conséquent, d'un classement hiérarchique. Mais cette hiérarchie est à la fois quantitative et qualitative. Dans le premier cas, *la fréquence, l'énergie, l'étendue, et la rapidité de l'action serviront de mesure*. Dans le second, nous appliquerons notre principe que les *espèces qualitatives sont celles qui s'enregistrent le plus nécessairement et qui expriment tous les degrés de la qualité qu'elles représentent*.

Il semble que sur ces bases nous allons facilement établir la classification désirée ? Mais une complication surgit.

L'Intensité est un genre si primordial qu'il se manifeste avec plénitude dans maintes espèces.

Bien plus, il se mêle souvent aux autres genres à titre de coefficient. Par exemple : dans quel genre classerons-nous l'écriture hésitante ? Dans la *continuité*, assurément. Mais elle appartient aussi au genre *Intensité*. Il y a tout à la fois dans le mouvement hésitant, discontinuité et inhibition.

Autre exemple : l'écriture anguleuse est une espèce d'Intensité de la plus haute importance, mais c'est aussi une espèce de forme.

L'écriture petite est, à n'en pas douter, une espèce de dimension, il est également certain que c'est une espèce d'Intensité.

L'écriture ascendante se rattache à la Direction par son effet, mais par sa cause dynamogénique elle est une marque d'Intensité.

Ce n'est pas tout. Cette classification des formes et des mouvements ne nous donne pas une classification des caractères. Comment pourrions-nous soutenir que notre œuvre est définitive alors qu'elle ne classe pas les caractères ? La graphologie étant l'art de discerner le caractère d'après l'écriture, toute classification graphologique devrait se rapporter en même temps à l'écriture et au caractère. Or, nous n'avons que la classification des signes.

Comment remédier à cette insuffisance ?

Ah ! mesdames et messieurs, loin de moi l'idée de faire du chagrin à aucun des Membres de la Société de Graphologie, mais il me semble qu'il y aurait lieu, à cet effet, d'appeler dans son sein quelques hommes nouveaux.

La graphologie est sous la dépendance absolue de la physiologie et de la psychologie. C'est donc un physiologiste doublé d'un psychologue qui est le mieux qualifié pour s'occuper de graphologie supérieure : c'est de lui sûrement que viendront les progrès futurs. Insistons sur cette vérité fondamentale et qui semble méconnue : *Quelle que soit la question prochaine, c'est par des considérations de physiologie et de psychologie qu'il faut l'aborder.*

Voyez, par exemple, celle de la sensibilité qui domine tout le caractère. J'ai dit tout à l'heure que je m'en étais occupé en étudiant l'écriture inégale, qui est le vrai signe de la sensibilité. Mais cela n'est pas suffisant. Il conviendrait de diviser le domaine de l'émotivité entre les tactiles, les visuels, les auditifs, les olfactifs, et les gustatifs. Cela ne paraît pas très simple au point de vue graphologique, mais c'est très faisable physiologiquement et psychologiquement.

On ne perdrait pas son temps à approfondir cette question, car la clef de l'émotivité est là sûrement. On n'est ému que proportionnellement et en raison directe du bon état des sens qui nous ouvrent le monde extérieur. Ne mettent-ils pas en relation l'objectif et le subjectif ? C'est donc en partant de l'étude des sens que nous arriverons à l'émotivité. De même l'étude des fibres motrices nous conduit à l'activité et celle de la durée des temps de réaction et de réduction des sensations sert de base pour l'intelligence.

On objectera que ce sont là des travaux que peu de graphologues ont le loisir d'entreprendre. Mais quand la Société de Graphologie fera appel au dévoûment d'un physiologiste, elle le trouvera, et d'autant mieux qu'elle s'adressera à une intelligence supérieure. N'est-ce pas le propre du vrai savant de réaliser son idéal en répandant sa pensée ?

Nous voici loin des manuels de graphologie, mais l'on comprendra mieux après ce que nous venons de dire qu'en général nous ne considérons pas leur propagation comme utile. Notre science n'est pas assez parfaite pour qu'on puisse l'utiliser dans certains milieux où ses lacunes passeraient inaperçues et où ses erreurs deviendraient des dogmes.

Faisons une propagande discrète dans l'élite et pour faciliter l'avènement rapide de la graphologie comme science expérimentale, devenons toujours plus savants en physiologie et en psychologie.

La tâche est considérable, on le voit par les indications que nous venons de fournir. C'est cependant un programme de recherches bien incomplet ! Un homme n'y suffirait pas ; une association y suffira. Le concours patient d'un grand nombre de travailleurs intelligents rassemblant et classant les matériaux avec méthode peut seul amener la graphologie au niveau des autres sciences.

C'est la tâche de la Société de Graphologie et j'ai l'espoir qu'elle n'y faillira pas.

J. CRÉPIEUX-JAMIN.

L'ÉVOLUTION DE L'ÉCRITURE

Mesdames et Messieurs,

L'écriture n'a pas échappé à la loi d'évolution, elle y a été soumise, au contraire, plus que toute autre invention humaine et elle en subit encore les effets.

Rattachée d'une manière intime à la parole dont elle est l'équivalent visible, elle a commencé par être d'abord évocatrice d'idées générales et a dû par conséquent se composer de signes peu nombreux et peu précis. Ce n'est que plus tard qu'elle s'est enrichie de formes nouvelles et fixes, de façon à représenter par des formules graphiques les différentes valeurs phonétiques du langage. D'ailleurs cette fixité n'est pas absolue et nous verrons dans le cours de ces observations que l'écriture a passé par les phases les plus diverses et qu'elle paraît destinée à de nouvelles transformations.

Les premiers hommes, vivant en commun, au milieu de tout ce qui leur était nécessaire, ou se contentant de ce qui se trouvait, pour ainsi dire, à portée de leur main, ignorant d'ailleurs ce qui était au loin, n'ont pas eu besoin de phrases bien compliquées pour se comprendre. Leur langage a dû se borner à quelques mots bien courts et, dans la plupart des cas, ils ont dû se servir de gestes pour indiquer les objets qu'ils voulaient désigner.

C'est lors des accroissements successifs de la famille humaine et à la suite des migrations qui en ont été la conséquence que le langage s'est développé, car il a fallu donner des conseils, des recommandations, voire des ordres ; se concerter sur des dispositions à prendre ; proposer, discuter, établir des règles ; rappeler ce qui était déjà le passé ou ce qu'on avait laissé derrière soi. Ces désignations phoniques se substituant aux indications mimées ont été le résultat d'inventions particulières et non pas l'émanation systématique d'une seule intelligence créatrice. Dès lors, la confusion des langues aurait été *révélée* et non pas *provoquée* par l'essai de construction de la Tour de Babel.

Je sais bien que telle n'est pas l'opinion générale des philologues qui trouvent moyen de faire dériver d'une même racine les mots les plus disparates, mais pour peu qu'on réfléchisse aux conditions dans lesquelles cette technologie aurait dû être inventée, on se rend compte aisément de l'inadmissibilité d'une pareille hypothèse. En effet, de deux choses l'une : ou il faudrait admettre que le premier homme ait été cet inventeur et alors il faudrait lui supposer, non seulement une science complète de tout ce qui existait dans les trois règnes de la nature, mais encore la connaissance de l'avenir ; ou il faudrait prétendre que le choix des mots soit le résultat d'une entente de plusieurs inventeurs formant une sorte d'académie chargée de la compilation du dictionnaire primitif ! !

Je crois qu'il n'est pas défendu par la logique de supposer que les hommes ont créé les mots au fur et à mesure de leurs connaissances et que le même objet a pu être désigné par des individus éloignés les uns des autres, lui imposant chacun un nom différent. Cette supposition n'exclut pas d'ailleurs une autre hypothèse également juste, à savoir que le même mot a pu être modifié, en passant de bouche en bouche, jusqu'à perdre tout à fait le caractère primitif, soit au point de vue du son, soit à celui du sens.

Nous aurions donc trois origines de diversités dans les expressions : 1° la même idée représentée par des mots différents inventés par des personnes éloignées les unes des autres ; 2° le même mot prononcé de diverses façons se ressemblant de moins en moins, jusqu'à prendre les apparences de mots différents ; 3° le même mot exprimant des idées n'ayant aucun rapport entre elles.

Au surplus, quelle que soit la genèse du langage, il n'est pas douteux qu'il a été pendant longtemps, avec les signes, le seul mode de transmission des idées. L'écriture n'a dû apparaître qu'après les migrations qui ont suivi le déluge et longtemps après elles. En effet celles-ci ont eu deux causes bien distinctes : d'abord les querelles, ensuite l'accroissement des individus. Dans le premier cas, ceux qui partaient sous l'empire de la colère ou de la crainte n'avaient aucune raison ni aucun désir d'échanger des nouvelles avec ceux qui restaient. Dans le second cas, le mouvement, étant expansif, s'opérait sans solution de continuité et les relations pouvaient se prolonger sans le secours d'agents mécaniques.

Pas plus que le langage, l'écriture n'a pu être l'invention d'un seul homme, mais elle est due à la coïncidence d'une opération que les circonstances avaient rendue nécessaire. Peu importe d'ailleurs que l'idée en soit venue à un seul ou à plusieurs, il est absolument démontré que les moyens d'application n'ont pas été le résultat d'un système unique, mais de procédés différents.

Tant que les hommes ont vécu dans l'indépendance, sans autre direction que celle du chef de famille, l'écriture n'a pas eu de raison d'être. On vivait sous la tente, ou à l'abri des arbres, ou encore dans les cavernes ; les hommes gardaient les troupeaux, travaillaient aux champs ou bien chassaient ; les femmes s'occupaient du ménage et de la surveillance des enfants ; il n'y avait que les vieillards qui pouvaient deviser du passé, parler des absents ou penser à l'avenir. Ce n'est que lorsque l'organisation politique remplacera le régime patriarcal, lorsque l'autorité du chef du peuple ou du chef d'état se substituera à celle du chef de famille, que l'écriture deviendra nécessaire. C'est alors qu'il faudra cristalliser dans des formes immuables les traditions et les préceptes, car l'histoire et la religion deviendront des moyens de gouvernement tout autant que les lois, sinon plus.

Les premières écritures sont le monopole d'initiés qui, sous des noms divers, se rencontrent chez les peuples issus de Noé. Ce sont eux qui conservent la tradition et prennent l'habitude de marquer des signes afin de fixer leur mémoire. Leurs livres sont réputés sacrés et la lecture en est interdite au peuple et même aux rois.

Ni les premiers pharaons, ni les rois de la Chaldée, ni les chefs scandinaves ne paraissent avoir connu l'écriture. Dans toutes les circonstances difficiles on a recours aux culdées, aux mages, aux lévites, aux prophètes et ceux-ci parlent de « ce qui est écrit » mais ne le montrent pas. On donne même souvent une origine surnaturelle à certains ouvrages, tel le Décalogue écrit par le doigt de Dieu, et les Chaldéens vont encore plus loin et considèrent l'écriture comme une force de Dieu. Se basant sur cette fausse affirmation, les rabbins après la chute de Jérusalem ont inventé la fable suivante : « Dieu créa le monde par la puissance de trois *séphirim*. *Syphar*, la conception, *Syphor*, la parole, et *Syphir*, l'écriture ». Et Mahomet prétend que le Koran était écrit sur la table gardée au septième ciel où l'archange Gabriel le recueillit en un volume et le lui apporta. « C'est lui qui, par la permission de Dieu a déposé le Koran sur ton cœur pour confirmer les livres sacrés. »

D'ailleurs Mahomet admettait aussi que le Décalogue avait été donné par Dieu à Moïse et que les prophètes avaient reçu de la même façon les livres portant leurs noms.

« Et nous donnâmes à Moïse un livre avec des commandements pour être la règle de vos actions.

« Dieu envoya les Prophètes, organes de ses promesses et de ses menaces. Il leur donna les écritures avec le sceau de la vérité afin qu'ils jugeassent les différends des mortels ».

Quant à la vertu talismanique des caractères, elle est trop connue pour qu'il soit nécessaire de s'y arrêter. Or tout ceci prouve bien que l'écriture a été tout d'abord employée pour transmettre des idées abstraites dans les castes sacerdotales qui avaient ou prétendaient avoir reçu la révélation directe de la Divinité.

Elle a commencé par le livre ou par ce qui en tenait lieu. Les feuilles de papyrus, les peaux de mouton, les écorces de bouleau et d'autres arbres, ont été les premiers documents écrits et cela bien avant les monuments figurés. Cette opinion n'est pas faite pour plaire à ceux qui ont admis comme étapes de l'écriture les figures d'abord, le symbole ensuite et finalement les signes graphiques. Ces trois moyens ont été tout d'abord distincts et, ainsi que l'a très bien dit le comte de Gobineau « il y a en plusieurs points de départ, parce qu'il « y avait plusieurs formes d'intelligence et de sensibilité » (1). Donc, suivant que l'on avait l'esprit, ou tourné vers la conception abstraite ou susceptible de subir l'influence sensible, l'on *écrivait* ou l'on *dessinait*.

Les peuples conquérants, les premiers maîtres des régions du Nord de l'Asie et de l'Europe, les Arians, en un mot, possédaient une écriture et même une sorte d'alphabet alors que leurs monuments avaient à peine des formes artistiques et pas l'ombre d'ornements. Par contre, les hiéroglyphes des Egyptiens ont été d'abord composés de figures et ne se sont transformés en signes graphiques que bien plus tard. S'appuyant sur l'opinion de Brughsch (2), l'auteur que je viens de citer dit ceci : « Dès les premières dynasties égyptiennes la

____

(1) Comte de Gobineau, *Essais sur l'inégalité des races humaines.* T. I, page 310.

(2) Brughsch, *Zeitschrift der deutschen Morgenlaendischen Gesellschaft*, T. III, page 266.

« civilisation marche si rapidement que l'écriture hiérogly-
« phique fut trouvée ; elle ne fut pas perfectionnée du même
« coup. Rien n'autorise à supposer que le caractère figuratif
« ait été immédiatement transformé de manière à se sim-
« plifier et en même temps à s'idéaliser sous une forme pure-
« ment graphique » (1).

Quant à l'invention de l'alphabet, qui constitue la plus
belle manifestation de l'intelligence humaine, qui n'a pas été
dépassée par aucune autre invention ni découverte, pour
grande qu'elle soit, et qui probablement ne le sera jamais,
elle est due à un travail considérable d'observation, dont
nous nous rendons compte très imparfaitement. Ce n'est
certes ni le père Adam ; ni Noé, dans les loisirs de l'Arche ;
ni Moïse, suivant la prétention des Hébreux, qui ont pu mentalement décomposer les mots et assigner à chaque lettre
son signe distinctif.

La langue dans laquelle le Pentateuque a été première-
ment écrit ne peut pas être l'hébreu, car Moïse avait autre
chose à faire que d'inventer une écriture. Il a dû se servir
des caractères chaldéens qu'il avait pu apprendre à la cour
de Pharaon, où plusieurs mages de cette nationalité occupaient des emplois. Cette écriture n'avait d'ailleurs aucun
rapport avec les hiéroglyphes, ce qui prouve bien que l'origine en était bien différente.

Malgré cela, elle était loin d'avoir atteint la perfection à
laquelle l'ont fait parvenir les Grecs de l'époque policée ;
car leur ancien alphabet se composait de seize lettres seulement. Ce même nombre se retrouvait dans les *runes*, caractères des anciens Germains, et dans le *bobelot*, écriture des
anciens Irlandais. En outre de la similitude du nombre, on
remarque une grande ressemblance dans les formes des
lettres dont les traits sont rectilignes et non pas curvilignes.
D'ailleurs, ni le phénicien ni l'ancien chaldéen, ni l'assyrien, ni les dialectes étrusque, umbrique, sabellique ou hel-
vétique n'avaient la moindre ligne courbe. Tout au plus on
rencontre dans l'assyrien et ses dérivés — tel l'ancien hébreu, des formes serpentines qui, somme toute, se composent
de fragments de lignes droites.

C'est lorsque l'élément blanc se mêle d'une façon plus intime aux autres couches ethniques et que l'écriture se dé-
mocratise que les formes arrondies apparaissent. Encore
faut-il remarquer que, dans l'échange de connaissances qui

____

(1) Gobineau, op. cit., t. II, p. 55.

s'établit de peuple à peuple, les caractères gardent certaines empreintes indélébiles. Tandis que chez les Arabes, les Ethiopiens et les Cophtes les courbes abondent et que chez les Grecs et les Romains elles sont en proportion fort inférieure aux droites, chez les peuples du Nord, les premières n'existent pas et l'écriture gothique en est la preuve la plus évidente et en même temps la plus rapprochée de nous. Il est encore à remarquer qu'en Espagne et en Sicile où l'élément gothique s'est trouvé plus fréquemment aux prises avec l'arabe, on peut reconnaître par les variations de l'écriture les époques où l'un d'eux a été soumis à l'autre. Partout où les deux courants n'ont pas eu occasion de se rencontrer, l'écriture gothique est restée rectiligne et l'on constate même de nos jours que les gens du Nord emploient les traits anguleux et pointus, tandis que ceux du Midi paraissent affectionner les formes arrondies.

De tout ce qui précède on peut déduire que l'invention de l'écriture conventionnelle ou graphique est postérieure à la première séparation des races qui se produisit avant le déluge et qui forma les trois éléments blanc, jaune et noir, destinés à se mélanger plus tard. Elle a même dû être tout à fait embryonnaire jusqu'à la seconde séparation et c'est le rameau japhétide, ou aryen, qui en a mieux gardé la forme primitive et en a su développer le système.

Mais il n'y a pas que les formes qui varient d'une nation à l'autre, c'est aussi la valeur phonétique des lettres et leur disposition qui diffèrent d'une façon très bizarre quoique suivant une certaine loi ethnographique. Ainsi, tandis que les peuples de l'Europe, où l'élément blanc prédomine, écrivent de gauche à droite, chez les Arabes, chez les Hébreux et partout où l'on rencontre l'élément noir, on écrit de droite à gauche et là où l'élément jaune résiste mieux à l'infiltration du blanc — Chine, Cochinchine, Océanie — on écrit suivant la ligne verticale. Le plus curieux c'est que le Grec s'écrivait dans les deux sens, horizontalement.

Il est à remarquer que toutes les écritures dont je viens de parler ne sont devenues cursives que vers le Ve ou le VIe siècle, car on ne peut pas donner le nom de calligraphie aux caractères plutôt lapidaires des époques précédentes. A partir du règne de Justinien, on peut suivre avec une certaine exactitude les changements dans l'écriture et l'on voit alors les couvents créer un art nouveau, celui du livre copié et enluminé. Mais ces écritures n'ont pas la forme personnelle dans laquelle on peut chercher la manifestation du caractère intime, du *moi*, de l'individu. Même les actes sont préparés par des clercs et les parties se contentent d'y apposer leur signature, quand elles le peuvent.

Ce n'est qu'au XI° siècle, lorsque les Irlandais dans le Nord et les Arabes dans le Sud propagent l'étude des belles-lettres, qui cessent d'être l'apanage exclusif des clercs et des savants, que les cours deviennent des centres littéraires.

En Angleterre, Edouard le Confesseur et Llewellyn, prince gallois ; en France, le roi Robert II et les comtes de Toulouse ; en Allemagne, Ste Mathilde et les empereurs ses fils ; en Italie, les papes, surtout Silvestre II et même en Russie, le grand duc Jaroslaw cultivent personnellement les lettres. Les autres seigneurs les imitent et l'écriture devient d'un usage courant.

Mais que de variations d'un pays à l'autre, que de modifications dans les formes et dans la valeur phonétique des lettres !

A cet égard les choses n'ont pas changé et nous voyons encore aujourd'hui, le même signe traduire des sons divers, non seulement suivant des idiomes différents, mais dans la même langue. La lettre *c* qui se prononce tantôt comme *s* et tantôt comme *k*, le *g* tantôt dur, tantôt doux, l'*l* mouillé, le *t* sifflé, sont des exemples qui reviennent à chaque instant en français ; le son *sui-generis* du *c* italien qui se retrouve dans le *cz* des Polonais et dans le *ch* des Anglais ; l'*x* de l'Espagnol dont la prononciation ne se trouve nulle part dans les langues d'origine latine, sauf dans le *c* aspiré comme un *h* du dialecte toscan ; enfin le signe *m* qui en Russe correspond à un *t*, prouvent surabondamment combien l'écriture est peu fixée. Et s'il est vrai que le dernier mot du progrès consiste dans l'unification et la simplicité, on doit reconnaître que l'écriture est loin d'avoir terminé son évolution.

Prince de CASSANO.

La Graphologie appliquée à l'éducation

I

RAPPORT sur la Direction à imprimer à l'Education et à l'Instruction d'après les aptitudes de l'enfant révélées ou contrôlées par l'évolution de son écriture.

PAR

M. Alcide COUILLIAUX, Juge de Paix,
Officier d'Académie

Messieurs,

La question de l'Education nationale est une de celles qui depuis quelques années, ont le plus préoccupé l'opinion publique.

D'anciens ont prétendu que si, depuis une vingtaine d'années, l'instruction populaire a progressé, il n'en a pas été de même de l'Education, et ils sont allés jusqu'à reprocher à cette espèce de faillite de l'Education la série d'événements tragiques qui ont si fortement impressionné notre pays et teinté de sang les pages dernières de notre histoire nationale.

Il y a dans cette allégation une forte part d'exagération, et nous sommes absolument persuadé que notre éducation nationale, depuis qu'elle a été remise, pour une nouvelle législation, entre les mains des instituteurs, n'a point périclité.

Qu'elle n'ait point, tout d'abord, produit des fruits très abondants, qu'elle n'ait point encore donné tous les résultats qu'on en pouvait attendre, nous le reconnaissons sans peine, mais la faute n'en saurait retomber sur le personnel enseignant, dont le zèle et le dévouement sont bien à la hauteur de la noble tâche qui lui a été confiée.

Pour tout esprit impartial, qui a examiné attentivement cette question, il n'y a pas de doute que le niveau de notre Education morale ne se soit élevé dans une proportion satisfaisante.

Et devant cette lente, mais progressive évolution vers un idéal toujours plus élevé, il est juste de rendre à chacun la part qui lui appartient.

Il faut reconnaître que les anciens maîtres de la morale n'ont point abandonné leur tâche, que les nouveaux, les instituteurs, se sont habilement et ingénieusement tirés d'une situation qui leur semblait au moins délicate, et qu'ils sont rapidement arrivés à démontrer aux plus incrédules qu'ils peuvent en même temps développer l'intelligence et former le cœur et l'âme des enfants, en un mot qu'ils peuvent être des véritables éducateurs.

D'un autre côté, il faut aussi reconnaître que les familles elles-mêmes, comprenant mieux leur devoir, y ont apporté une contribution beaucoup plus forte qu'elles ne l'avaient fait jusqu'alors.

La vigoureuse impulsion donnée à l'Education par les programmes de 1882 a été ressentie partout. Elle a suivi une progression sans cesse croissante, gagnant de proche en proche tous les esprits, et c'est ainsi que l'on a vu peu à peu se former sous ce souffle vivifiant une multitude de groupements divers qui, tous, ont concouru au même but : l'élévation du niveau moral chez les enfants.

C'est en effet là le véritable but à atteindre, dans notre société démocratique, car tant vaut l'enfant, tant vaudra l'homme.

D'où l'on voit clairement toute l'importance qui s'attache à la bonne éducation des enfants.

Des esprits pessimistes prétendent, pourtant, qu'au point de vue moral nous valons moins que nos aînés, que nos enfants reçoivent une éducation inférieure à celle que nous avons reçue nous-mêmes, et qu'ils vaudront moins que nous. Je crois personnellement que c'est une erreur.

J'ai approché de très près les enfants, je les ai connus, il y a vingt-cinq ans. Eh bien, j'affirme que les enfants d'aujourd'hui, avec toutes leurs imperfections, tous leurs caprices, valent beaucoup mieux, même au point de vue du cœur et des sentiments, que ceux de cette époque. Un enfant de dix ans sait aujourd'hui ce que sont la générosité, la justice, la solidarité, etc.

Combien d'enfants comprenaient ces vertus il y a vingt ans ?

C'est qu'à cette époque on ne les enseignait point à l'école, et j'allais dire presque : ni ailleurs.

Aujourd'hui, elles sont enseignées, en paroles et en actions, partout.

Tout le monde est, pour ainsi dire, devenu éducateur, parce que tout le monde a compris la nécessité de l'éducation pour l'avenir de la Société.

Nous ne connaissons point vraiment de tâche plus noble et plus attachante, que celle qui consiste à élever les jeunes générations, à former les esprits, à développer les intelligences, à forger les âmes et à les tremper.

Oh ! oui, il faut les tremper solidement ces âmes des tout petits, que la France vous confie, éducateurs ! Il faut leur donner des cœurs vaillants et des consciences droites pour en faire de bons citoyens et de bons patriotes, car un avenir plus ou moins prochain leur réserve peut-être l'épreuve de leur courage civique ou de leur vaillance héroïque.

La tâche est lourde, la besogne est rude, et ce n'est pas trop que chacun contribue, dans la mesure de ses forces, à l'accomplissement de cette grandiose entreprise.

La graphologie a apporté sa modeste pierre à l'édifice. Cela n'est pas étrange.

N'est-il pas vrai que la première condition pour bien élever un enfant, c'est de le bien connaître ?

Ce qui n'est point tâche facile.

Dans la famille même on ne connaît pas toujours bien les enfants ; et les parents sont généralement enclins à accorder à leurs enfants leurs qualités ou leurs imperfections personnelles, et ils sont quelquefois tout étonnés de voir apparaître soudainement un vice ou une vertu qu'ils n'avaient point tout d'abord soupçonnée. Ce qui n'est souvent qu'un simple effet d'atavisme ou d'innéité.

La difficulté est bien plus grande encore lorsqu'il s'agit pour un instituteur d'apprécier le caractère d'un enfant qui n'est sous ses yeux que pendant quelques heures par jour.

Assurément, dans beaucoup de cas, il sera guidé dans son appréciation par les manifestations extérieures de l'enfant, mais comment pourra-t-il distinguer des dispositions morales qui ne seront pas encore manifestées en sa présence ? Comment saura-t-il gouverner ce petit composé si délicat qu'est l'enfant, s'il n'en connaît pas tous les éléments ?

Il y a là toute une étude de psychologie pédagogique.

M. Compayré a envisagé cette question dans la préface de son *Histoire critique des Doctrines de l'Education.*

« L'éducation, dit-il, n'est au fond que l'art réfléchi intervenant à son heure, dans les instincts naturels, pour les gouverner et les conduire à leur fin. Comment réussir dans cette tâche si l'on ne connait pas les besoins de l'enfant pour les satisfaire, ses aptitudes pour les exciter, les limites de ses forces pour s'y conformer, en un mot si l'on a pas saisi sur le vif les premières démarches de la nature, de calquer ou de modeler sur elle les méthodes artificielles de la Pédagogie ? Cette connaissance psychologique de l'enfant paraîtra encore utile, si l'on songe aux difficultés de la discipline. Comment acquérir l'empire nécessaire sur un être aussi capricieux, aussi mobile que l'enfant, si l'on ne sait pas à quel principe d'actions il obéit spontanément ? Comment manier sans la froisser, sans la briser, cette délicate petite machine si l'on n'en a pas d'avance analysé les ressorts ?

Avouons-le, il reste encore beaucoup d'efforts à tenter pour organiser *cette psychologie pédagogique qui peindra l'homme, non dans les formes définitives auxquelles aboutit son évolution morale, mais dans les premières origines et le développement insensible de ses facultés.*

En tous cas, c'est au progrès de cette science qu'est suspendu l'avenir de l'Education.

Pédagogie et PSYCHOLOGIE sont désormais deux termes inséparables comme la *conséquence* et le PRINCIPE. On finira par comprendre que, sans une connaissance précise des lois de l'organisation mentale, il est impossible de régler l'ordre des études, d'apprécier la valeur pédagogique des divers objets d'enseignement, de faire un choix entre les sciences et les lettres, d'établir année par année, en les appropriant à tâche et aux *dispositions naturelles*, les exercices qui conviennent le mieux pour élever les hommes. »

D'après cela, une science qui viendrait donner un moyen sûr et pratique permettant de connaître les dispositions morales de l'enfant avant même qu'elles ne se soient manifestées extérieurement, n'apporterait-elle par une contribution puissante à l'éducation ?

La Graphologie nous a apporté cette contribution.

Grâce à son application à la Pédagogie, grâce à la Psychographie, pour l'appeler par son nom, il n'est maintenant pas un père de famille, pas un instituteur, pas un éducateur, qui ne puisse juger en quelques minutes du moral de l'enfant.

Aujourd'hui on peut lire dans l'âme de l'enfant comme dans un livre ouvert, et y découvrir ses instincts, ses penchants, ses passions, ses aptitudes, ses dispositions intellectuelles et morales héréditaires ou innées, avant même qu'elles ne se soient manifestées au dehors.

Ce livre ouvert c'est son écriture.

La Graphologie nous avait déjà donné l'art de connaître l'homme; la Psychographie, qui est sa fille, nous donne l'art de connaître l'enfant.

Ce n'est donc point de la part de l'auteur de cette méthode avoir poursuivi une utopie que d'avoir recherché dans l'écriture de l'enfant le décalque des facultés mentales qu'il a reçues de l'hérédité ou de l'atavisme, ou qui lui viennent par innéité.

Quelle science d'ailleurs pourrait donner une traduction plus nette, plus sûre, plus immédiate, plus spontanée et plus vivante des dispositions morales de l'enfant que cette psychologie graphique qui le peint dans les formes originelles et progressives de ses facultés ?

Un grand nombre d'hommes qui font autorité dans cette matière et parmi eux M. Compayré, recteur de l'Académie de Lyon, l'ont approuvée. Dès son apparition en 1896, elle a d'ailleurs obtenu la sanction favorable de l'opinion publique, car nombre de pères de famille nous ont aussitôt consulté pour connaître les dispositions de leurs enfants et être fixés sur l'orientation qu'ils devaient donner à leurs études pour le choix d'une carrière.

À tel qui voulait faire de son fils un architecte, nous avons dit : « Faites-en un notaire ».

A un jeune Roumain, que la famille voulait voir ingénieur: « Faites votre droit, soyez avocat ».

A un étudiant en théologie, nous avons répondu : « Vous ferez un bon père de famille, vous seriez un mauvais prêtre ».

Et les consultations continuent, démontrant chaque jour l'excellence de la méthode.

Mais c'est surtout de l'enseignement que nous viennent le plus grand nombre de consultations.

Notre thèse a rayonné en France, et à l'étranger, et hier encore nous recevions d'un magistrat une lettre de remerciements pour notre étude si juste du caractère de ses enfants.

Mais cette méthode ne donne pas seulement le moyen de connaître l'enfant dans ses dispositions naturelles, elle apporte encore celui de modifier ces dispositions.

Ce moyen, c'est la *modification forcée de l'écriture de l'enfant*.

Il n'y a point de témérité à soutenir cette thèse, quelque hardie qu'elle puisse paraître à prime abord, parce qu'elle repose sur une base solide : *L'influence réciproque* du physique et du moral.

Le moral et le physique sont en effet si étroitement unis qu'il ne saurait rien se passer dans le premier qui n'ait dans le second quelque chose qui lui corresponde et en soit affecté. Et telle est la loi qui unit le moral au physique qu'à certains organes, cérébraux, et à un certain état de ces organes, répondent constamment certains sentiments, certaines perceptions morales.

Tout ce qui frappe notre cerveau, physiquement, produit ou modifie certaines déterminations morales qui donnent naissance à des idées variées correspondant aux sensations éprouvées ; de même tout ce qui le frappe moralement produit en lui des sensations physiques qui l'affectent plus ou moins profondément.

Nous n'allons pas ici, dans ce cadre restreint, rentrer dans la démonstration de cette théorie. Nous renvoyons à notre ouvrage sur la matière pour plus amples renseignements, sur la discussion de la méthode et les exemples topiques. Contentons-nous d'ajouter simplement que les déterminations cérébrales de l'enfant se transmettent pour ainsi dire mécaniquement du cerveau à la plume par des mouvements variés et appropriés à chaque espèce de détermination.

On peut donc concevoir que si l'on oblige la plume habituée à former tels signes à en former d'autres en sens contraire, il se produira un mouvement réactif de la main du scripteur, mouvement qui se propageant de proche en proche jusqu'au cerveau par *réflexion, modifiera les dispositions des centres cérébraux et ainsi les déterminations morales qui en découlent.*

Cette thèse n'est certainement pas plus hardie que celle que le docteur Sapelier vient de soutenir à l'Académie de médecine sur le traitement des alcooliques et qui se résume ainsi :

L'action du serum consiste en un réveil des actes réflexes dont l'ensemble constituait primitivement le dégoût instinctif de l'homme pour l'alcool, rétablissant ainsi l'habitude première nature, physiologique, à la place de l'habitude, seconde nature, résultat de l'éducation.

Conclusion : le serum antialcoolique refaisant physiologiquement du buveur un instinctif peut à côté des autres moyens et parallèlement à eux entrer utilement en ligne dans la lutte contre l'alcoolisme.

Notre thèse repose sur les mêmes principes psychophysio-
logiques.

L'application de notre théorie a d'ailleurs déjà produit
d'heureux résultats.

Un grand nombre de pères de famille, d'instituteurs, d'é-
ducateurs qui s'en sont servi ont reconnu que le changement
du caractère des enfants avait été consécutif au changement
de l'écriture : Que les modifications partielles du caractère
correspondaient aux modifications partielles de l'écriture.

Par exemple, tout le monde sait très bien que l'écriture
ronde, ouverte, large, correspond à un caractère rond, ouvert et large :

Que l'écriture serrée, anguleuse, fermée, correspond au
caractère serré, anguleux, fermé.

Que l'écriture molle, timide, hésitante, descendante, correspond au caractère, mou, timide, hésitant, désespérant.

Que l'écriture ferme, hardie, ascendante, correspond au
caractère ferme, hardi, espérant, etc, etc.

Si donc, on veut modifier le caractère de l'enfant dans une
ou plusieurs de ces déterminations, il faudra l'obliger à modifier les traits de l'écriture correspondante à ces déterminations.

Et l'on réussira infailliblement.

On a dit avec raison qu'il n'y a rien de nouveau sous le soleil.

Suivant M. de Bruyn, la Graphologie serait connue à Java
depuis bien longtemps et notre grand Maître Michon n'aurait fait qu'établir des bases plus solides et des principes plus
sûrs à cette science qu'il a appelée Graphologie.

J'ai toutefois le premier, soutenu cette théorie hardie du
changement du caractère consécutif au changement forcé de
l'écriture, mais j'ai été surpris lorsqu'à l'appui de cette thèse
notre distingué président, M. Depoin, m'a justement fait remarquer que ces principes sont enseignés, mais d'une façon
inconsciente évidemment, dans l'établissement d'éducation
du Sacré-Cœur.

N'est-ce pas là une conséquence de l'influence de l'écriture
sur le caractère ?

Devant des résultats si probants il demeure donc bien acquis que l'on peut obtenir les modifications du caractère par
les modifications forcées de l'écriture.

Les modifications du caractère sont consécutives aux modifications forcées de l'écriture, comme les modifications de l'é-

criture sont consécutives aux modifications du caractère :
Les réciproques sont vraies.

Dans tous les cas, quelle que soit l'opinion plus ou moins
préconçue qu'on puisse avoir sur la valeur de ce dernier
moyen, il n'en demeure pas moins certain qu'il mérite d'être
essayé, et que l'application de la graphologie à la pédagogie
est absolument scientifique.

A son apparition il y a déjà trois années, la presse a fait à
cette thèse un accueil des plus favorables, et depuis cette
époque, elle a été l'objet d'expérimentations toujours de plus
en plus concluantes.

Malheureusement, comme toute chose nouvelle, elle se
vulgarise lentement.

Les articles élogieux des journaux, les conférences nombreuses qui ont été faites sur ce sujet, notamment la communication de M. Varinard au Congrès des Sociétés savantes,
comme suite à son rapport de 1896, n'ont pas encore suffi
à la généraliser complètement.

C'est pour arriver à ce résultat si désirable qui permettra à
tous les éducateurs de connaître à fond le caractère des enfants, d'apprécier leurs dispositions, leurs tendances, leurs
aptitudes, leurs aspirations, pour les gouverner et les diriger
dans la voie du Bien, que nous vous soumettons, Messieurs,
le vœu suivant :

VŒU

Le Congrès :
Considérant qu'en matière d'instruction et d'éducation aucune contribution ne doit être négligée ;

Considérant que la Graphologie pédagogique peut, dans
une certaine mesure, contribuer au progrès de l'instruction et
de l'éducation,

Emet le vœu

1° Que l'étude de « La Psychographie » soit ajoutée au
programme du certificat d'aptitudes pédagogiques.

2° Que la Graphologie pédagogique soit enseignée dans les
Ecoles normales ;

3° Que les méthodes de Graphologie soient admises dans
les bibliothèques pédagogiques et communales.

4° Et que par tous les moyens possibles cette science soit
mise à la portée des éducateurs de la jeunesse française.

Alcide COUILLIAUX.

La Graphologie appliquée à l'éducation

II

DISCOURS .de **M. Choquenet,** *Directeur de l'Ecole primaire supérieure de Chauny (Aisne).*

La graphologie est une science toute récente.

Jusqu'en ces dernières années elle fut rangée parmi les connaissances vagues, mystérieuses ; on la considérait comme une *science occulte*.

Grâce à Michon et à ses habiles et éminents continuateurs, la graphologie a multiplié, précisé, coordonné ses observations ; elle a formulé ses lois, établi sa grammaire ; bref, elle est devenue une *science positive*.

Aujourd'hui, elle demande à être classée parmi les *sciences morales*, et à être considérée comme *l'un des principaux facteurs de l'art éducatif*.

En effet, pour qui s'est arrêté à étudier seulement les éléments de la graphologie, il résulte que c'est là une connaissance aussi précise que précieuse pour qui a charge d'âmes.

La graphologie n'apprend-elle pas à apprécier toutes les manifestations de l'âme, à rapprocher les indications tirées du graphisme, à en dégager les résultantes, à en déduire l'état psychologique, le caractère du sujet dont elle étudie l'écriture ?

Il va donc de soi que tout professeur, tout chef d'établissement peut tirer un excellent parti de la graphologie pour apprécier non seulement le caractère, mais encore les efforts de chacun des enfants, des jeunes gens confiés à sa direction scientifique ou morale.

Pour les élèves, la graphologie est tout aussi précieuse, puisque aussitôt que l'enfant en connaîtra les rudiments —

ce qui l'intéresse vivement — il pourra beaucoup mieux se connaître et se surveiller soi-même.

Or, la connaissance, la surveillance constante de soi-même, n'est-ce point là le point de départ de toute étude, de toute action, de tout effort, de toute amélioration intellectuelle ou morale ?..

Si tels sont bien les avantages principaux, indéniables, qu'offre la graphologie, pourquoi ne pas étendre son champ d'action, pourquoi ne pas l'introduire comme un élément, comme un facteur important dans l'art pédagogique ?..

Si, en effet, ce qui est déjà fort précieux, la graphologie peut renseigner le maître sur la valeur morale de chacun de ses élèves, elle peut aussi avantageusement servir — notre éminent collègue, M. Depoin, l'a prouvé à propos de l'écriture des Établissements du « Sacré-Cœur » — à établir quel est l'état d'âme, le degré et le genre de discipline morale, quelle est la somme et l'orientation des efforts de toute une catégorie d'élèves, de classes, enfin de tout un ordre d'enseignement.

Dès lors, on est frappé de la quantité de services que la graphologie pourrait rendre si elle était sérieusement vulgarisée, judicieusement appliquée ; en un mot, si elle devenait un des éléments de la pédagogie pratique, rationnelle.

Je crois qu'il suffit d'arrêter sa pensée sur ce point pour juger combien l'application de la graphologie à l'art éducatif a de gravité et d'importance : son introduction dans la pédagogie moderne ne peut certainement tarder.

Il suffira pour cela, je pense, que le Congrès international des Sciences de l'Écriture affirme ses convictions.

Comme le disait Jean Macé, il faut savoir ce qu'on veut et vouloir ce qu'on sait.

Vous savez beaucoup, chers et éminents collègues : Mme Renée de Salberg, MM. Depoin et Couilliaux, Varinard en particulier, ont prouvé quelle connaissance profonde ils ont de l'âme de la jeunesse et de l'enfance, comme ils savent — par l'examen minutieux et savant des écritures — saisir les divers états moraux des étudiants grands et petits, en faire une fine psychologie, en déduire une rationnelle pédagogie.

Eh bien ! alors, agissons !...

La documentation ne fait point défaut et toujours la matière abonde.

Sur le tard, j'apporte ma modeste contribution à l'enquête graphologique.

Je prie Mme de Salberg d'agréer deux collections que j'ai fait préparer à son intention.

Elles sont bien différentes et lui permettront j'espère, de corroborer amplement ses précédentes déductions.

C'est d'abord une forte collection de cahiers dits de brouillons : elle y trouvera l'âme de nos jeunes gens de 12 à 18 ans dans les heures de travail et aussi de flânerie et d'abandon.

C'est ensuite une collection de petits devoirs exécutés à toute vapeur dans nos dix classes, le même jour, à la même heure, sur des feuillets de même petit format, papier non rayé.

Les élèves y ont écrit le même thème se composant de deux questions : l'une — traitée en écriture vulgaire sur le recto de feuillet — est une petite lettre, un mot familier, intime, à un parent, lui apprenant où l'on est, comment on se porte, ce que l'on pense faire du reste de la journée et du lendemain qui est un dimanche.

Sur le verso, en sténographie, c'est le récit d'une distribution de prix.

Ce sont là deux sujets bien familiers aux enfants, où ils ont pu se montrer spontanément tels qu'ils sont et faire connaître leurs impressions intimes dans leur graphisme cursif, même rapide.

Mesdames, Messieurs et éminents collègues, quand il s'agit d'éducation, les questions prennent d'emblée une singulière importance.

Dès le premier pas, il faut nettement déterminer quel sera le système fondamental de l'action que l'on se propose de provoquer ou d'exercer.

L'enfant — sujet à éduquer — sera-t-il abandonné à sa propre initiative ?.. Sera-t-il conduit, dirigé vers le bien par plus savant et meilleur que lui ?.. Sera-t-il contraint à l'obéissance, au respect de l'autorité parce que reconnue bonne, acceptable, avantageuse à son progrès intellectuel et moral ?

Ces questions fondamentales ont été, de notre temps, vivement discutées, débattues, et la solution qui est intervenue est, je pense, en faveur de la contrainte — douce, persuasive, entraînante, sans doute, ferme toujours, violente point ou si peu, car il est de saintes colères que de très graves fautes font parfois éclater !...

J'en appelle sur ce point capital de la nécessité de l'autorité en éducation, au témoignage de grands, d'éminents philosophes : Lagneau, Séailles, W. James.

Lagneau, ce philosophe si doux, si libéral, très spiritualiste, reconnaît quelque part, je crois, que la force, l'indépendance d'esprit est en raison du respect, de l'obéissance dont on a fait preuve antérieurement.

M. *Séailles* dit de son côté que la civilisation se fait et se maintient par le génie de quelques-uns et par la docilité du grand nombre ; qu'il faut associer l'élite à la foule au lieu d'opposer violemment la foule à l'élite.

Quant à *W. James*, philosophe de la libre Amérique, il préconise l'importance, la majesté de l'habitude qui non seulement double, seconde, mais renouvelle la nature, le caractère de chacun de nous.

L'habitude, dit-il, c'est le volant énorme qui règle les mouvements de la Société. Il ajoute que l'habitude est un élément conservateur, le plus précieux de tous.

Je vous demande pardon, mes chers Collègues, de ces digressions.

Elles m'ont paru utiles pour étayer les conclusions auxquelles je voudrais aboutir en m'appuyant sur cet axiome que si l'organe crée la fonction, la fonction, elle aussi, peut créer l'organe.

Je veux dire par là que si la graphologie peut révéler le caractère d'après l'écriture, une écriture établie d'après les lois de la graphologie doit contribuer puissamment, sinon souverainement, à la formation du caractère.

Toutefois, ces principes posés, j'en reviens, avant de conclure, au philosophe *Lagneau*, chef d'école dont se réclame l' « Union pour l'action morale ».

Qui sait ? peut-être ce philosophe va-t-il nous servir de type graphologique !

En effet, le groupe de penseurs qu'est la Direction de « l'Union pour l'action morale », fondée je crois par M. P. Desjardins, a publié un petit opuscule en l'honneur du Maître.

L' « Union » a eu l'idée ingénieuse de placer en tête de l'opuscule consacré à la mémoire de son Directeur spirituel, avec le portrait du philosophe et en face, comme pour le

refléter et l'illuminer d'un rayon de sa pensée, cet autographe :

« Le levier de l'action morale, c'est la sainteté, c'est-à-dire
« l'empire de la règle et de l'amour, l'empire de l'esprit ma-
« nifesté dans un homme.

« Celui qui veut élever les autres doit faire sentir en lui-
« même quelque chose qui l'incline et qui le passe, quelque
« chose de plus qu'humain ».

N'est-il pas vrai qu'il y a une concordance frappante, irré-
cusable entre cette doctrine, son expression, sa forme littéraire, le portrait et l'écriture du sage ?

En un mot, n'y a-t-il pas là une équation parfaite, une
identité à la fois graphologique, philosophique et même physiologique ?...

Dès lors, n'y a-t-il pas pour nous un enseignement ou
plutôt une magistrale affirmation de l'enseignement graphologique en même temps qu'un programme ?

Nous voilà en présence de la traduction graphologique,
c'est-à-dire concrète, des plus hautes spéculations morales,
du secret de la formation morale de ceux qui prétendent à
l'honneur de former des hommes.

Or, voici : la fonction pouvant régulariser, régénérer, créer
l'organe, les graphologues ne doivent-ils pas demander que
le maître d'écriture, si relégué, soit élevé au rang de psychologue et de philosophe, puisque l'écriture doit produire une
action profonde, créer sinon un tempérament, du moins un
caractère ?

Mais si l'on peut, si l'on doit rectifier, façonner, créer des
caractères, à quel type s'arrêtera-t-on ?...

Sans doute la question est grosse de difficultés : outre que
les graphologues doivent nécessairement être des philosophes, il va leur falloir devenir des hommes d'action et
point seulement de savants observateurs, des analystes judi-
cieux.

M. *Séailles* nous le dit dans *les Affirmations de la Conscience moderne* : une analyse artificielle détruit l'unité de la
vie parce qu'elle oppose l'homme qui sait à l'homme qui agit ;
pour obtenir un parfait équilibre, il faut nous résoudre à être
des hommes d'action.

En tous cas, s'ils ne veulent pas se rendre seuls respon-
sables, les graphologues pourront et voudront s'adjoindre des

compétences choisies parmi les psychologues, les logiciens, les philosophes, les pédagogues, pour mener à bonne fin une œuvre qui me paraît à la fois nécessaire et gigantesque : fonder un système d'écriture éducative !...

Oui, Mesdames et Messieurs, mieux que moi vous savez l'indiscipline, le désordre que manifestent nos écritures contemporaines, à la fois anémiques et licencieuses.

Eh bien ! si sincèrement vous croyez — et telle est votre conviction, votre présence ici l'atteste — si sincèrement vous croyez à la puissance psychologique de l'écriture, vous vous mettrez à l'œuvre pour trouver, pratiquer et propager une écriture simple, bien ordonnée, claire et lumineuse, où les éléments des mots se groupent, se fusionnent bien en un tout, où les mots se détachent nettement, où les idées — au lieu d'être jetées pêle-mêle à travers l'espace — s'organisent en bel arroi comme autant d'éléments de combat ou comme autant de détails harmonieux d'une même œuvre picturale.

Pourquoi, en procédant par voie d'élimination ou de sélection philosophique, la Société de Graphologie d'après les notes, les idées recueillies au cours de ce Congrès international, ne publierait-elle pas les « Lois de l'Écriture » et la « Pédagogie de l'Écriture » ; pourquoi ne vulgariserait-elle pas une écriture qui fût bien adéquate et aux principes d'une saine philosophie et aux nécessités de l'époque ?...

Il y a — me semble-t-il — toute une rénovation ou une innovation à tenter, à réaliser, bien digne de tous les efforts.

Que la Société de Graphologie s'attelle donc sérieusement à cette œuvre morale, humaine, éducative !

Elle se doit cette œuvre grandiose à elle-même ; elle la doit à la Patrie, à l'humanité. Elle ne faillira pas à son devoir, à sa mission !

E. CHOQUENET.

La Graphologie appliquée à l'éducation

III

ECRITURES D'ENFANTS

Dès que l'enfant est en état de tenir une plume pour tracer autre chose que des bâtons, le graphologue est à même d'observer fructueusement ce « geste fixé », geste d'autant plus intéressant, qu'il est essentiellement inconscient.

Dès ce moment, nous le répétons, un œil exercé peut démêler les éléments primordiaux qui composent cette espérance d'homme.

L'objet de cette communication est justement l'étude de ces premiers graphismes, fils d'Ariane merveilleux pour nous guider dans la direction fondamentale de ces natures malléables qu'une erreur de jugement peut fausser à jamais.

Les quelques pages que je vais lire serviront de première pierre à un ouvrage longuement médité, mais qui demandera encore des mois de recherches et d'expérimentations pour être à la hauteur de son cadre.

Ce sujet a déjà été traité avec succès par M. Alcide Couilliaux, dans un ouvrage très documenté, paru en 1896 sous le titre de « Graphologie pédagogique ».

Nous avons toujours pensé que l'éducation doit commencer dès la naissance. Cette petite cire molle qu'est l'enfant, au physique comme au moral, reçoit sans défense les impressions bonnes ou mauvaises qui se gravent chez lui en empreintes indélébiles. D'après ce fait reconnu, il est facile de comprendre quelle importance ont les moindres actions à cette aurore de la vie et la redoutable responsabilité qui incombe à ceux qui sont chargés de cette œuvre admirable de l'Éducation.

Il nous semble donc que la graphologie s'impose dans les programmes pédagogiques. Quelle force ce serait, en effet, pour le professeur graphologue qui pourrait à coup sûr demander à l'enfant seulement ce qu'il est capable de faire, qui pourrait, en connaissance de cause, insister pour développer ses facultés dominantes !

Nous avons choisi pour cette première étude, des spécimens d'écriture pris dans le *même* lycée, allant de la classe enfantine à la sixième, c'est-à-dire de l'âge de 4 ans à l'âge de 12 ans. Notre intérêt a été surtout retenu par la classe enfantine ; nous y avons choisi les cinq spécimens les plus caractéristiques par la diversité de leur graphisme, diversité qui répondra à cette objection fréquemment opposée à la graphologie : « Les enfants suivant le même enseignement, copiant les mêmes modèles, ont tous la même écriture ».

Il suffira d'observer cette page, et la réponse s'imposera d'elle-même.

La figure 1 reproduit l'écriture du plus jeune élève de cette très jeune classe ; elle est certainement remarquable par sa propreté et sa clarté. On peut donc conjecturer que c'est un enfant posé et soigneux qui aura toujours de fort bonnes notes de conduite, mais ses facultés intellectuelles sont plutôt restreintes. La démonstration en est facile : les énormes lettres qui terminent la plupart des mots, — particulièrement celui de « *copie* » — n'indiquent pas seulement cette naïveté inhérente à l'enfance, mais une absence complète de finesse d'esprit. De plus les lettres très fermées nous montrent un de ces enfants au naturel concentré qui ne font pas de questions et par suite ne s'éclairent pas. La liaison très exacte de toutes les lettres de chaque mot et même l'enchaînement de tous les mots de la troisième ligne, nous montrent le petit déductif, sans l'ombre d'intuitivité.

C'est l'enfant de bonne volonté qui accomplit de son mieux le travail tracé, mais qui n'a aucune initiative personnelle. L'ensemble de cette écriture nous révèle de sérieux dons du côté de la mémoire ; ils lui serviront grandement dans ses études, et feront croire souvent à des facultés qui n'existent pas. Voilà le type du *fort en thèmes*.

L'écriture de la figure 2 diffère totalement de la première par l'exagération de son inclinaison, annonçant une nature tendre jusqu'à l'exagération, pouvant aller même jusqu'à l'exaltation.

Voilà donc un enfant qui aura besoin d'une éducation particulièrement virile pour contenir ces germes évidents de passions.

Considérez en regard la figure 3 avec ses lettres redressées et surtout l'enroulement si soigneusement tracé du crochet concentrique de la majuscule C dans le mot « copie ».

Voilà une bien étonnante manifestation d'égoïsme raisonné chez un enfant de cinq ans.

Tandis que le sujet n° 2 a toutes les dispositions pour devenir un être romanesque et sensitif, le sujet n° 3, tout au contraire, peut devenir un viveur, car, si chez le premier, c'est le cœur qui domine, chez le second c'est la tête et c'est la matière ; considérez l'épaisseur des traits de cette figure par rapport à ceux de la figure 2.

Le premier pousse la sensitivité jusqu'à l'exaltation, le second n'éprouve d'impression que par le nombre de friandises qu'il avale.

Aujourd'hui sa sensualité ne se manifeste que par sa gourmandise.

La sensualité et l'égoïsme raisonné sont bien les éléments qui forment un viveur, c'est-à-dire celui qui est capable de tout sacrifier pour la satisfaction de son plaisir.

La figure 4 présente un caractère très différent ; l'écriture est plus petite, très irrégulière dans le haut, avec des boucles très courtes, à la partie inférieure, et des empâtements fréquents. Voilà un enfant qui doit être d'un tempérament chétif et dont l'activité est exclusivement cérébrale; il serait donc prudent de ne pas le pousser dans ses études, car il n'a pas la force physique suffisante pour supporter un travail suivi.

Le numéro 5 nous révèle la nature la plus intéressante au milieu de tous ces enfants.

Au premier aspect, trouverez-vous peut-être ce graphisme encore plus incohérent que les autres.

Pourtant, voilà le premier enfant chez lequel nous constatons une manifestation d'intuitivité, bien marquée par les lettres disjointes.

L'emploi instinctif des lettres typographiques est non moins caractéristique.

La direction des lettres présentant une intensité de variabilité -- les unes allant à droite, les autres allant à gauche, — indique une extrême impressionnabilité.

C'est déjà l'éternel combat entre le bien et le mal qui, s'éveille dans ce jeune cœur.

Tout indique donc ici des facultés multiples et par conséquent la possibilité de demander beaucoup à cet enfant. Avec
lui les récompenses réussiront mieux que les punitions, car
il a besoin d'encouragement.

Remarquez la façon dont il écrit le mot « apprendre ». Il
y met un *M*, et cet *M* a le jambage médial plus élevé que
les autres, indice de la recherche de l'approbation..

Ce graphisme nous avait paru tellement attachant, que nous
avons voulu savoir ce qu'était devenu ce bambin, et voici ce
que nous a répondu son professeur : « C'est un des bons élèves
de la classe, docile et régulier ». Il joignait à sa lettre son
écriture actuelle, révélant que cet enfant, aujourd'hui en 9ᵉ,
est entré dans le moule universitaire.

Son écriture est meilleure, sans doute, mais elle a perdu
son originalité. L'enfant de cinq ans révélait toutes les aptitudes qui font le grand artiste. Aux natures d'exception, il
faut des régimes d'exception.

Pour nous résumer, nous dirons que dans cette classe
enfantine nous avons trouvé en germe toutes les passions et
toutes les aptitudes humaines.

Poursuivons notre examen. La figure 6 est encore le graphisme d'un petit sensitif de 5 ans 1[2. Nature fine et délicate, bien supérieure à son petit camarade de 6 ans dont nous
voyons le graphisme à la figure 7. Les lettres grossissantes
annoncent son peu de facultés, comme chez le sujet nº 1.

La figure 8 est le graphisme d'un petit bonhomme de 6
ans 1/2 qui a déjà une forte tête. Il est facile de s'en aperce-
voir à son écriture verticale.

La figure 9 nous révèle encore une nature fine, délicate
réellement harmonique dans son ensemble et digne d'être
admirée, quand on songe que c'est un enfant de 7 ans qui l'a
tracée.

La figure 10 nous montre un petit avare de 8 ans, chez lequel tout est serré, fermé, bien ordonné ; il n'oublie pas
les deux crochets de l'intérêt, commençant et finissant l'*M*
majuscule. Cet enfant, suivant les probabilités, devra réussir
dans les affaires, car il a autant de sens pratique, que de
sens réalisateur.

A l'inverse, le nº 11 est le graphisme d'un idéaliste de
9 ans. Son écriture haute, égale, aux lettres ouvertes par le
haut, les barres de *t* en avant et l'ensemble du tracé peu
appuyé, indiquent des aspirations natives vers les idées
larges, une loyau'é foncière, à laquelle il faut ajouter les

éléments d'un esprit observateur ; voilà un enfant qui possède les éléments d'un penseur et d'un écrivain.

Napoléon disait que le moral est formé à dix ans. Il est donc important de nous arrêter sur les quatre figures suivantes pour essayer de démêler comment est fait un moral de dix ans.

Les figures 12, 12 bis, 13 et 14 vont nous l'apprendre. L'enfant de la figure 12 possède une intelligence claire, un cœur calme, de la réserve et de la loyauté ; il a donc un moral supérieur. Celui de la figure 12 bis est aussi fort intelligent, mais assez personnel ; les petits angles de la base des lettres dénotent un garçon ayant déjà des principes arrêtés et un caractère plutôt raide que liant.

Le *Q* majuscule affectant la forme d'un *2* nous le montre très maniaque dans son ordre et dans sa façon de travailler, mais en revanche très avancé, car, malgré ses dix ans, il est déjà en sixième moderne.

Ses petites barres de *t* courtes, égales, placées au milieu de la hampe, annoncent l'élève régulier, persévérant et soumis.

Le précédent a une nature meilleure, plus sympathique surtout, mais celui-ci a une intelligence plus pratique qui nous autorise à supposer que l'un réussira mieux que l'autre dans la vie.

La figure 13 nous ramène en septième avec le graphisme d'un enfant de dix ans et demi qui manque de facultés intellectuelles mais non d'esprit pour les questions positives ; aussi le double crochet de l'intérêt ne lui fait pas plus défaut qu'au graphisme n° 2 ; pour lui une goutte d'encre et une parcelle de papier comptent. Ce souci de ne rien laisser perdre, si bien annoncé par cette écriture verticale et serrée, nous donne à penser que le scripteur saura plutôt amasser une fortune à force d'épargne que la gagner par son industrie.

Le graphisme de la figure 14 inspire l'antipathie à première vue ; les traits baveux qui le composent semblent avoir été tracés par les pattes d'un insecte ; c'est la révélation des instincts les plus bas.

Napoléon avait donc raison de dire que l'homme moral est formé à dix ans. Si le professeur de ces enfants avait connu la graphologie, il eût eu toute facilité pour favoriser l'épanouissement de leurs qualités et corriger leurs défauts.

La figure 15 nous fait remonter en sixième, avec l'écriture d'un enfant de 11 ans, beaucoup moins intelligent que son camarade d'un an plus jeune, que nous avons étudié sous le n° 12 bis. Cette petite écriture grêle, serrée et verticale annonce un cœur sec, un caractère difficile et des idées étroites, par suite nature peu sympathique.

Notre série se termine par une charmante écriture d'enfant de 12 ans. Le tracé léger, la direction inclinée, la simplicité et la clarté de l'ensemble sont autant d'indices, révélateurs d'une véritable supériorité morale. Néanmoins on peut craindre chez ce séduisant adolescent plus de grâce féminine que de force virile, plus de force de support — barres accrochées dans le bas des hampes — que de force d'action. C'est donc du côté de la virilité que devra se porter l'effort du professeur éclairé.

Dans une très belle page, M. Maurice Barrès raconte qu'un soir, Adam Mickiewicz, étant à Weimar, chez Gœthe, le poète fit circuler un plat parmi les jeunes femmes et les jeunes filles présentes, afin que chacune y mît sa bague. Quand tous les anneaux eurent été entassés pêle-mêle, Gœthe remit le plat à Mickiewicz; après avoir attentivement considéré les bijoux, il se promena lentement à travers la pièce, rendant une à une les bagues à leurs propriétaires — qui lui étaient toutes inconnues — en leur disant à chacune leur âge et leur nom de baptême. « Ne souhaiteriez-vous pas, ajoute M. Barrès, que ce pâle chercheur de bagues parût dans nos distributions de prix, et qu'il examinât, non point les mains tachées d'encre et sans bague, mais l'éclair de ces yeux, afin de nous prédire lesquels de ces lycéens seront des savants qui découvriront des notions exactes, des philosophes qui organiseront ces notions pour en faire la vérité, des artistes qui en donneront des formes émouvantes, des apôtres qui la pratiqueront et la feront aimer, des insensés qui se feront guillotiner, pendre ou fusiller pour que la vérité devienne sacrée ».

Nous n'avons nul besoin du pâle chercheur de bagues, car le souhait de M. Barrès est réalisé, grâce à la Graphologie.

C'est elle qui nous permet de vous dire aujourd'hui, par sa *seule* puissance, que, dans cette classe enfantine, nous voyons dans la figure 12 bis ce savant capable de découvrir des notions exactes; dans la figure 12, ce philosophe capable d'organiser ces notions, pour en faire la vérité; dans la figure 5 cet artiste qui en donnera les formes émouvantes; dans la figure 16, cet apôtre qui la pratiquera et la fera aimer; dans la figure 2 cet insensé, capable de se faire guillotiner, pendre ou fusiller, pour que la vérité devienne sacrée!

R. DE SALBERG.

Ainsi qu'il est d'usage de faire la preuve des opérations d'arithmétique pour s'assurer de leur vérité, nous avons voulu contrôler, autant que faire se peut, l'exactitude de nos observations graphologiques.

Le haut fonctionnaire de l'enseignement qui avait bien voulu nous confier cette série d'écritures voilà deux ans, a consenti à nous donner des notes verbales, et le relevé du Palmarès des années 1898 et 1899.

Nous allons donner en termes brefs les résultats de cette épreuve, en priant de se reporter aux numéros correspondants.

N° 1. — Élève d'une intelligence plus que moyenne. En 1898 a obtenu 1 prix et 1 accessit. En 1899 un prix de bonne conduite.

N° 2 — Nature extrêmement nerveuse. En 1898 ayant obtenu un prix de bonne conduite ; en 1899, 1 prix de bonne conduite, 1 accessit et 2 mentions.

N° 3 - Appréciation juste du caractère, a obtenu en 1898 1 prix et en 1899, idem.

N° 4 - Parti.

N° 5 - Devenu ordinaire. Ses facultés artistiques se révéleront probablement plus tard. En 1898, a obtenu 1 prix et 1 accessit ; en 1899, 1 prix.

N° 6 — Parti.

N° 7 — L'enfant s'est développé, mais il est resté timide. En 1898 a obtenu 1 prix et 3 accessits ; en 1899, 4 prix et 4 accessits.

N° 8 — Parti.

N° 9 — Bon élève appliqué, mais étourdi. 1898, 1 prix ; 1899, 2 prix, 1 accessit, 1 mention.

N° 10 — Enfant très régulier, très ordonné, bon élève.
    1898 2 prix, 2 accessits.
    1899 5 prix, 1 accessit.

N° 11 — Très bon élève.
    1898, 3 prix, 8 accessits.
    1899, 8 prix, 1 accessit.

N° 12 — Nature très affectueuse.
    1898, 2 prix, 3 accessits.
    1899, 1 prix et 2 accessits.

N° 12 bis — Ne s'est pas développé, très paresseux.
    1898, 2 mentions.
    1899, Rien.

N° 13 — Élève ordinaire mais consciencieux.
    1898, 1 accessit, 2 mentions.

1899, 2 prix, 1 accessit.

Nº 14 — Malade, nerveux et myope.

1898, 3 accessits, 3 mentions.

1899, 2 accessits, 1 mention.

Nº 15 — Bonne éducation, nature sympathique, mais peu de moyens.

1898, 1 mention.

1899, 1 accessit.

Nº 16 — Caractère très doux, mais moyen comme intelligence.

1898, 2 accessits.

1899, 1 accessit, 1 mention.

R, DE S.

L'ÉCRITURE DU SACRÉ-CŒUR

L'idée fondamentale de la graphologie, qu'il existe une relation constante et rigoureuse entre les évolutions du caractère et celles du graphisme, s'impose tellement à tout observateur profond que, par l'intuition seule qu'ils en ont eue, des hommes d'une intelligence au-dessus de l'ordinaire ont, de tout temps, bien qu'ignorant les lois de ces évolutions, été amenés à admettre, par voie de conséquence, l'intérèt de *comprendre dans l'éducation des enfants l'enseignement d'une forme déterminée d'écriture.*

Suétone, comme nous le faisait remarquer notre érudit collègue M. Vié, rapporte de l'empereur Auguste « qu'il montra lui-même à lire, à écrire, et d'autres exercices à ses fils adoptifs, et *s'appliqua surtout à leur faire imiter son caractère d'écriture* » (1).

Bismarck, très pénétré de l'importance du lien graphique comme complément de l'unité nationale, et concevant — certainement aussi par intuition — que la tradition alphabétique est essentielle au maintien du caractère général d'un peuple, a déployé les plus grands efforts pour perpétuer l'emploi des formes gothiques, malgré le très vif courant qui s'était produit en faveur de l'alphabet latin. Il a pu enrayer un instant le mouvement, mais l'évolution du peuple allemand vers l'internationalisation l'entraîne invinciblement à supprimer l'obstacle graphique comme, un jour, il brisera l'obstacle douanier quand il lui faudra lutter, avec le reste de l'Europe, contre les produits du Nouveau-Monde.

---

(1) *Histoire des Douze Césars ;* Auguste, LXIV. Trad. de La Harpe.

Le Play, dont la vaste et sereine intelligence élabora tout un plan de reconstruction de la Société sur les bases d'une moralité supérieure, envisageait dans son enseignement oral — il l'a répété plusieurs fois à M. le marquis de La Tour du Pin la Charce, qui a bien voulu nous le redire, trois symptômes permettant de reconnaître que la transformation souhaitée par lui pour la Société tout entière s'opérait dans une famille ou dans un groupe social. L'un de ces symptômes était *le rétablissement de l'écriture traditionnelle* française — celle qui sous les formes de *bâtarde* et de *coulée*, s'enseigna durant tout le grand siècle et que lui-même avait adoptée, sans avoir songé le moins du monde à ses corrélations graphologiques. Ce graphisme est, en général, haut, noble, constant, loyal, mesuré : il est par essence « sobre, simple, clair, dépourvu de tout mouvement excessif » ; ce sont les conditions primordiales de la *supériorité intellectuelle*, d'après la formule de Crépieux-Jamin.

Nous allons signaler une application, également intuitive, des mêmes théories, mais d'autant plus intéressante qu'elle s'est extrêmement généralisée.

Il est un type d'écriture qui a certainement très souvent frappé les yeux de tous nos lecteurs. Il se distingue au premier abord par ses angles nettement dessinés à la base des lettres et surtout par le retour constant d'une figure triangulaire se substituant aux panses et aux boucles dans la presque totalité des caractères de l'alphabet.

Ce type est spécial à l'écriture de jeunes filles et de jeunes femmes de cette catégorie de l'aristocratie parisienne où se mène la *haute vie*. On peut même presque certainement conclure, en le rencontrant, qu'il appartient à un groupe de familles localisées à l'ouest de la capitale, dans ces quartiers luxueux et sains, vers lesquels émigre tout ce qui cherche l'air pur et le grand confort, deux choses également *chères* pour les Parisiens, dans la double acception du terme.

Cette observation, formulée par un de nos collègues, montre combien ce graphisme, qui semble établi sur une sorte de moule géométrique, a une physionomie qui frappe les regards.

Nous en avions été fort impressionné à diverses reprises, et nous avions appris, par d'anciennes élèves des établissements dirigés par la Congrégation du Sacré-Cœur, que dans ces maisons d'éducation on enseigne une méthode qui aboutit à transformer dans ce sens l'écriture naturelle de toutes les élèves.

On ajoutait que cette métamorphose n'est nullement facultative, et qu'une très vive pression est exercée sur les pensionnaires pour les décider, par l'amour-propre, les encouragements et les punitions, à se conformer au parangon graphologique proposé à leur imitation.

Nous avions le plus vif désir d'être mieux fixé sur cet intéressant sujet. Malheureusement, la méthode en question ne circulant que manuscrite, et ne restant pas aux mains des élèves après leur première initiation, il était fort difficile d'en saisir les bases et l'enchaînement. Un très heureux hasard et une aimable indiscrétion nous ont enfin permis, récemment, de lire et de transcrire un petit cahier qui s'intitule : *Méthode Carré*, — prétention que le marquis de Bièvre n'eût pas manqué de relever vertement dans une méthode qui procède seulement du *triangle.*

C'est le résumé des règles calligraphiques en honneur au Sacré-Cœur de Paris et dans ses succursales.

Il nous paraît du plus haut intérêt de le reproduire ici dans son ensemble.

Voici d'abord les conseils relatifs à la position du corps.

« On doit être assis sur le devant du siège. L'estomac rapproché de la table, mais sans la toucher. La tête, un peu inclinée par devant, ne doit pencher ni à droite, ni à gauche.

» Le bord du cahier doit être parallèle au bord de la table. Le côté gauche du cahier se place vis-à-vis le côté droit de la personne. Le coude gauche doit être placé horizontalement sur la table, la main gauche posée à plat,

les quatre derniers doigts réunis, l'index un peu au-dessus de la ligne que l'on doit écrire.

» Le coude droit sera rapproché du corps en commençant la ligne. Le milieu de l'avant-bras seulement s'ap-
puiera sur le bord de la table. Le poignet et la main
doivent être un peu soulevés, les deux derniers doigts
seuls touchent le papier.

» La plume sera tenue entre les trois premiers doigts,
le plus près possible des ongles du pouce et du médium;
l'index tombera sans force sur le tuyau de la plume.

» Le bec de la plume ne doit qu'effleurer le papier; le
corps de la plume passe vis-à-vis le sommet de la première
jointure de l'index. Le haut de la plume sera dirigé vers
l'épaule.

» Le poignet ne doit pas rester immobile; les deux derniers doigts placés sur le papier doivent y glisser légèrement et suivre le mouvement de ceux qui tiennent la
plume. L'immobilité du poignet cause dans l'écriture une
grande inégalité d'écartement et de hauteur. Cette inégalité peut encore provenir d'une *écriture détachée.* Il
faut donc autant que possible tracer *les lignes entières
sans s'arrêter,* car rarement la plume se replace précisément au point qu'elle vient de quitter. »

Comme on le voit, ces principes aboutissent à la cons-
titution primordiale d'une écriture *peu inclinée, très régulière* de hauteur et d'écartement, *très liée* et *très peu
appuyée, sans pleins ni déliés.*

Voyons maintenant quels principes président à la con-
formation même des caractères. Nous aurons à les dégager des *exercices* par lesquels l'élève entre de plain pied
dans la pratique de la méthode.

« PREMIER EXERCICE. — Après avoir bien saisi les principes de position, on fera un exercice pour la tenue de
la plume en traçant des lignes horizontales.

» DEUXIÈME EXERCICE. — Renouveler les principes de
position sur lesquels on ne saurait trop insister : *les*

angles doivent être très pointus. Il faut pour cela s'arrêter en haut et en bas ».

(Fig. 1).

» Troisième exercice. — Comme le précédent, en faisant remonter la liaison au dessus de la ligne.

(Fig. 2).

» Quatrième exercice. — Les deux exercices précédents amènent tout naturellement à la lettre *m*. Il faut
avoir soin de *faire les angles très pointus.*

Cinquième exercice. — Dans la lettre *j* il ne faut tour-
ner pour faire la boucle qu'après avoir fait une *barre
bien droite, bien ferme,* pour laquelle il faut s'arrêter
en haut et en bas.

» Cet exercice est très propre à *délier la main.*

(Fig. 3).

» Sixième exercice. — La lettre *l* n'est que le rebours
de la lettre *j*.

» Insister sur la formation de la boucle afin de rendre
le corps de la lettre très droit.

Pour cela s'arrêter avant de la commencer.

(Fig. 4).

» SEPTIÈME EXERCICE. — Écrire un mot long sans s'arrêter.

» HUITIÈME EXERCICE. — La lettre *v* se commence comme au second exercice, puis on arrondit les liaisons.

La lettre *o* n'est que le *v* un peu moins ouvert et joint par le haut.

» NEUVIÈME EXERCICE. — Les lettres *l*, *v*, forment le *b*.

» La lettre *f* se commence comme *l* ; il faut s'arrêter en bas avant de remonter la boucle.

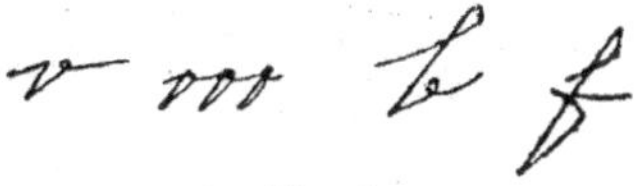

(Fig. 5).

» DIXIÈME EXERCICE. — Écrire l'alphabet en entier.

La lettre *c* donne la clé de la lettre *a* ; et l'*a* entre dans la formation du *d*, qui n'en est que l'allongement. Il forme aussi la boucle des lettres *q* et *g*.

(Fig. 6).

» Pour la seconde partie de l'*h* on remonte un peu la liaison dans la première. — Le *k* se trace comme l'*h* avec une petite boucle.

» La boucle du *p* doit être remontée assez haut pour que cette lettre ne ressemble pas à un *j* suivi d'un *i*.

(Fig. 7).

» On arrête l's au bas et on passe sans quitter le papier, à la lettre suivante.

» Au bas du *t* on remonte la liaison dans le corps de la lettre jusqu'à la hauteur de la lettre suivante.

(Fig. 8).

» Le second jambage des lettres *u*, *y*, doit remonter un peu sur la liaison, sans quoi l'*u* ressemblerait à un *n* et l'*y* à un *i* suivi d'un *j*.

» La lettre *x* est formée de deux *c* dont le premier est à rebours.

(Fig. 9).

» On retrouve dans le *z* les lettres *r* et *j* un peu plus resserrées ».

(Fig. 10).

Voici maintenant quelques exemples de majuscules : *A*, *B*, *C*, *G*, *L*, *P*, *T*, qui peuvent donner une idée du système complet.

(Fig. 11).

« L'avantage de cette méthode, conclut l'auteur du manuscrit que nous avons sous les yeux, est de former une écriture qui ne peut être plus expédiée et qui s'embellit à la célérité.

» Pour que les lettres *soient pointues*, il faut avoir soin de rendre le mouvement destiné à former la liaison distinct de celui qu'on emploie pour former le délié. Pour cela, s'arrêter au bas du délié avant de commencer la liaison. Monter, descendre, glisser ces mouvements simultanés, constitue la méthode. Pour glisser, s'appuyer légèrement sur le bec de la plume pendant que l'avant-bras avance à gauche.

» Cette méthode peut réformer *les plus mauvaises* écritures.

» Pour les petites mains, on peut modifier les exercices, surtout les premiers.

» Plus on écarte, mieux on apprend.

» On peut *croiser les pages* cinq ou six fois ».

Les conseils oraux insistent notamment sur la nécessité de maintenir dans toutes les *lettres à boucles* la figure du *triangle*.

OBSERVATIONS

Les signes caractéristiques de ce graphisme sont les suivants :

A. — *Absence de barre* au *t*; point de croisement *en retour*; pas de *massue*, pas de *crochet final*; d'où : *Abdication de la volonté.*

B. — *Fermeture absolue* des lettres o, g, q ; formation de l'*a* en *souricière* ; o si resserré que souvent (nous l'avons remarqué dans le graphisme de plusieurs anciennes élèves) il devient *poché* entièrement : *Secrétivité, défiance de soi.*

C. — Délimitation *régulière* des boucles : *Compression de l'imagination.*

D. — Exagération des déliés et terminaison filiforme des finales : *Dépense facile.*

E. — *Angulosité* des tracés. Écriture *au-dessus* de la moyenne. L'*u* tracé comme l'*n*. Surélévation du jambage du *p*: *Hauteur aristocratique, froideur polie, amour-propre spécialisé.*

F. — Écriture *liée* sans lettres détachées : *Absence de spontanéité.*

G. — Écriture très *aérienne: Idéalisme*, détachement des instincts *matériels.*

J. Depoin.

P. S. — On s'est préoccupé, au Congrès des Sciences de l'Écriture, de l'époque à laquelle fut généralisée la méthode Carré. Nous avons pu obtenir, de la source la plus autorisée, le renseignement suivant que nous reproduisons textuellement :

« L'écriture *carrée* a été adoptée au Sacré-Cœur vers 1853-1854 après la *coulée*, suivie de la *Méthode Regnier*, parce qu'on a reconnu que c'était celle qui, dans son ensemble, offrait le plus de chances d'être tout à la fois sortable et rapide ».

APPLICATION DE LA GRAPHOLOGIE

DANS LES

Rapports d'Affaires et de Commerce

Les points sont multiples — nous venons d'étudier le principal — pour lesquels la graphologie est un précieux agent de renseignements. Dans cette catégorie doivent se ranger la conduite des affaires et les rapports commerciaux.

Alexandre Dumas qualifiait la graphologie de science essentiellement gouvernementale. En effet, combien un chef d'administration posséderait en elle un puissant instrument pour le recrutement de son personnel ! Il nous arrive sans cesse d'être consultée à ce sujet. Nombre de chefs d'importantes maisons, quand ils ont besoin de remplacer un employé, nous envoient les lettres de demandes qui leur sont adressées.

Avant tout, nos investigations se portent sur le degré d'honnêteté et d'intelligence que possède les sujets, deux éléments fondamentaux chez tout individu, à quelque classe qu'il appartienne.

La figure 1 est le graphisme d'une hôtelière, type de cette intelligence native, qui peut se passer de ce qu'on appelle la culture intellectuelle ; le bon sens est préférable dans le cas présent ; il s'y mélange une nuance de finesse qui, combinée avec l'ensemble honnête de l'écriture, nous donne l'indication d'une habileté loyale. Ces signes élémentaires d'honnêteté sont : un tracé net, sans fuselé ni empâtements, les o et les a ouverts par en haut, beaucoup de sobriété dans les mouvements de la plume, réunion de qualités qui donne un ensemble de propreté au graphisme, à défaut de l'harmonie réservée aux natures intellectuellement supérieures.

La figure 2 doit nous mettre en défiance pour deux raisons : les o ouverts à l'inverse du sens normal et la terminaison gladiolée du mot « Monsieur ». Ces deux signes se complètent, car ils signifient la ruse et l'hypocrisie ; un troisième signe vient apporter ici son élément complémentaire, c'est un *M* majuscule, dont le premier jambage commence par le crochet de l'acquisivité et sensiblement plus bas que le second ; celui qui a tracé ces mots doit vivre aux dépens du public ; il est à la fois ambitieux et envieux ; son hypocrisie et sa ruse servent son ambition ; son envie a la fortune pour objet ; le crochet de l'acquisivité est là pour nous le dire. Cette figure représente l'*o* retourné avec intensité.

Pourtant ce scripteur est moins dangereux que celui de la figure 3, parce qu'il est facile à démasquer, tandis que le graphisme net et relativement sobre du nº 3 est fait pour égarer le jugement. Naturellement le malfaiteur habile saura mettre la livrée d'un honnête homme pour prendre sa dupe d'abord par la confiance ; on se met tout de suite en garde contre un chenapan aux vêtements déguenillés, à la barbe hirsute. Le graphisme nº 3 a été tracé par une caissière convaincue d'infidélité ; notre terrain ne se compose plus de suppositions ; nous marchons en terre ferme.

A première vue, cette écriture paraît réunir tous les éléments de l'honnêteté, énoncés précédemment. Un examen soutenu, minutieux, nous permettra seul de découvrir les signes si soigneusement cachés de l'hypocrisie. La liaison des majuscules au mot révèle un dévouement uniquement de surface et d'intérêt. Cette affirmation se trouve autorisée par le trait significatif des *o* des mots « voir » et « vous », complété par l'égoïsme aigu révélé par les traîtres enroulements du *d*, du *c* et surtout de l'*a* minuscule.

On raconte que le chef d'une grande maison commerciale, s'étant aperçu de fuites considérables dans sa caisse, accusa logiquement son caissier et le fit arrêter. Heureusement pour ce pauvre caissier, son patron connaissait l'abbé Michon ; il eut l'idée de le consulter. Au seul aspect de l'écriture de l'accusé, l'abbé Michon affirma que ce n'était pas le coupable, et demanda à passer en revue l'écriture de tous les autres employés. Bientôt il mit le doigt sur l'une d'elles en s'écriant : « Voilà le voleur » ! Aussitôt, chacun de se récrier, et le maître de l'établissement de protester que ce n'était pas possible, parce que cette écriture provenait du fils d'un de ses amis, jeune homme irréprochable qu'il regardait comme son propre enfant, ayant toute sa confiance, enfin. L'abbé Michon persista dans son affirmation et obtint une enquête minutieuse ; la vérité ne tarda guère à éclater ; ainsi qu'il était dans les règles des comédies d'autrefois, le crime fut puni et la vertu récompensée.

La figure 4 est un graphisme qui aurait mérité d'appartenir au héros de notre anecdote, car c'est celui d'un honnête caissier. Considérez le calme et l'ordre du tracé ; l'égalité en hauteur des lettres ; la belle ordonnance de cette écriture, complétée par le lasso de la signature si nettement dessiné, indice des aptitudes commerciales ; les *o* et les *a*, normalement fermés par en haut, annoncent la discrétion ; de plus, le *v* minuscule, couvrant légèrement le mot qui le suit, montre le sentiment du devoir. Enfin, les lettres finales légèrement grossissantes nous feraient croire presque à un excès d'honnêteté.

Il est bon, ensuite, de se rendre compte si l'employé qu'on veut prendre a l'esprit commercial, faculté qui se reconnaît dans le lasso plus ou moins ténu de la signature, comme nous le voyons dans la figure 5 ; mais il est encore utile de s'assurer que cet esprit ne va pas jusqu'à l'intrigue, comme dans la figure 6, où le lasso est entièrement séparé du nom.

De plus, il faut se rendre compte si la volonté du sujet est suffisante, dans sa force et sa continuité, pour conduire les autres, ou s'il est d'une nature soumise le rendant apte à faire un bon employé en sous-ordre. Les barres de *t* et le plus ou moins de fermeté de l'ensemble nous renseigneront à cet égard.

N'oublions pas de nous assurer si c'est un vaniteux qui n'agit que par amour-propre, ou un timide qui a besoin d'encouragements. Les fioritures, c'est-à-dire les ornements composant les traits inutiles, indiquent le vaniteux ; les traits légèrement tremblés et les jambages resserrés annoncent le timide.

Il sera prudent, enfin, de s'assurer de l'ordre et de la mémoire du candidat, afin de ne pas lui confier au hasard les commandes à exécuter et les courses à faire. L'ordre est facilement reconnaissable aux ponctuations soignées et à la pondération de l'ensemble. Quant aux révélations de la mémoire, une savante joûte qui s'est livrée ici vous a montré que la question est pendante. Nous nous réservons pour l'avenir.

Nous espérons que vous bénirez la Graphologie, si elle vous apprend à distinguer un homme habile d'un fripon.

R. DE SALBERG.

Une langue, comme on l'a dit,
ne se constitue que d'idiotismes
idiotismes de mots, idiotismes de
locutions, idiotismes de tournures.
Si on traduit mot à mot ces
idiotismes dans la langue
universelle, on cesse d'être
compris ; il faut donc modifier,
non plus son langage, mais sa
manière même de penser, ~~employer~~
s'écarter de soi tout ce qu'il
y a d'individuel, généraliser
sa pensée même et lui enlever
la précision des formules habituelles.

Les poètes ~~l'auteur~~ l'auteur d'Ibo et de Plein ciel
est celui qui se rapproche le plus des vieux poètes
hébreux de Isaïe et de Ézéchiel

Autographes de J. M. GUYAU.

DU DEGRÉ DE CERTITUDE

DES INDICATIONS FOURNIES PAR LA GRAPHOLOGIE

Peut-on parler du degré de certitude des indications fournies par la graphologie ? Je ne le crois pas. Scientifiquement il n'y a pas de degrés dans la certitude, mais ou bien une certitude, ou bien une probabilité. Ensuite nos moyens pourraient être sûrs et nos résultats aléatoires, comme dans la certitude mathématique qui n'empêche pas l'erreur du mathématicien. Je reviendrai sur ce point à propos de la question 21. Ici je me borne à exprimer l'opinion que dans l'état actuel de la Graphologie, qui est encore une toute jeune science expérimentale, nous pouvons prétendre à un haut degré de probabilité, mais qu'il est inadmissible de parler de certitude scientifique.

Cependant nos résultats dépassent incontestablement les espérances que les penseurs les plus hardis concevaient il y a peu d'années, et ils légitiment la vogue croissante de la graphologie. Pour les obtenir il est nécessaire d'appliquer certaines règles. Il y en a au moins six.

1º Se baser sur des documents multiples dont on fixe la valeur par une expertise.

2º Au début de l'examen, rechercher les dominantes graphiques de l'écriture et non les dominantes graphologiques.

3º Rattacher les signes secondaires aux grandes espèces d'écriture.

4º Ne tenir aucun compte des petits signes non répétés ou qui ne sont pas soutenus par des modes de même espèce.

5º Nous restreindre dans nos indications graphologiques aux mieux fondées.

6º Nous dispenser de toutes conjectures relatives au physique de l'écrivain, à sa profession, à son âge, à son sexe, ou bien, en cas de besoin, les exposer sous réserves.

Évidemment il y aura des différences marquées dans les portraits obtenus par ceux qui suivront ces principes, selon que le graphologue sera plus ou moins expérimenté, mais leur application garantira les novices eux-mêmes contre les fautes lourdes.

L'appréciation des résultats est une chose délicate pour un graphologue, — il ne peut être en même temps juge et partie ; c'est pourquoi j'aurais voulu apporter au Congrès une série d'expériences contrôlées par des psychologues. Il n'a pas dépendu de moi que cela soit ; ce sont les psychologues auxquels je me suis adressé qui ont manqué du loisir nécessaire. A leur défaut je vous raconterai une expérience que j'ai faite avec M. Bridier et M. A. Fouillée, de l'Institut, sur l'écriture de Marie Guyau. Très remarquable en elle-même, elle n'a cependant rien d'extraordinaire en ce sens que l'étude de M. Bridier n'est pas sensiblement différente de toutes celles qu'il faisait. Cela démontrera d'autant mieux ce qu'un bon observateur peut obtenir avec nos moyens actuels.

Disons d'abord quelques mots du sujet de l'expérience.

Jean Marie Guyau naquit en 1855. Son éducation se fit entièrement dans sa famille et d'une façon particulièrement brillante, car il avait seulement 19 ans lorsque l'Académie des Sciences morales couronna son grand mémoire sur *la philosophie d'Epictète*. Bientôt il fit paraître des poésies (1) et un livre sur *la morale d'Épicure* (2) dont le succès dure toujours. A ce moment de son existence il ressentit les premières atteintes du mal qui devait l'emporter. Il quitta Paris pour aller dans le Midi chercher une température plus douce. Travailleur infatigable, il publia coup sur coup *la Morale Anglaise contemporaine*, un chef-d'œuvre devenu classique, *les Problèmes de l'esthétique contemporaine*, *l'Esquisse d'une morale sans sanction ni obligation* et *l'Irréligion de l'Avenir*.

Ce labeur énorme épuisa ses forces ; il put à peine achever deux autres livres : *L'Art au point de vue sociologique* et *l'Hérédité et l'Éducation*. Le 31 mars 1888 il s'éteignit doucement, laissant dans la désolation non seulement les siens, mais les nombreux admirateurs de son génie qui fondaient sur lui les plus hautes espérances.

La personnalité de Marie Guyau est une des plus intéressantes de notre époque. Écrivain d'une rare puissance, sa phrase souple, claire, musicale, produit une impression de

---

(1) *Les vers d'un philosophe*, 1 vol. F. Alcan, éditeur.

(2) Ce livre et les suivants ont été publiés chez F. Alcan, à Paris.

grand charme; elle est attachante parce qu'elle exprime toujours une idée.

On peut n'être pas d'accord avec Guyau sur certains points, car il expose quelquefois des idées d'une grande hardiesse, mais on l'aime de tout son cœur. C'est qu'elle était particulièrement séduisante cette nature douce et sereine dont la devise était : « Tout aimer pour tout comprendre, tout comprendre pour tout pardonner ».

Pour montrer l'attrait de cette grande intelligence, il n'y a pas de meilleur moyen que de citer ses productions. Le voici qui parle de l'illusion du plaisir égoïste : « Ni mes douleurs, ni mon plaisir ne sont absolument miens. Les feuilles épineuses de l'agave, avant de se développer et de s'étaler en bandes énormes, restent longtemps appliquées l'une sur l'autre et formant comme un seul cœur; à ce moment, les épines de chaque feuille s'impriment sur sa voisine. Plus tard, toutes ces feuilles ont beau grandir et s'écarter, cette marque leur reste et grandit même avec elles : c'est un sceau de douleur fixé sur elles pour la vie. La même chose se passe dans notre cœur, où viennent s'imprimer, dès le sein maternel, toutes les joies et toutes les douleurs du genre humain : sur chacun de nous, quoiqu'il fasse, ce sceau doit rester ».

Plus loin il nous entretient des illusions de l'humanité : « Il y avait une femme dont l'innocente folie était de se croire fiancée et à la veille de ses noces. Le matin, en s'éveillant, elle demandait une robe blanche, une couronne de mariée, et, souriante, se parait. « C'est aujourd'hui qu'il va venir », disait-elle. Le soir une tristesse la prenait, après l'attente vaine ; elle ôtait alors sa robe blanche. Mais le lendemain, avec l'aube, sa confiance revenait. « C'est pour aujourd'hui », disait-elle. Et elle passait sa vie dans cette certitude toujours déçue et toujours vivace, n'ôtant que pour la remettre sa robe d'espérance. L'humanité est comme cette femme, oublieuse de toute déception : elle attend chaque jour la venue de son idéal ; il y a probablement des centaines de siècles qu'elle dit: « C'est pour demain »; chaque génération revêt tour à tour la robe blanche. La foi est éternelle comme le printemps et les fleurs ».

Dans les *Pages Choisies* de Guyau, par M. Fouillée (A. Colin et Cⁱᵉ, éditeur), on trouvera d'abondantes citations de ce genre. On y lira aussi quelques merveilleuses poésies. Voyez, par exemple, ce double sonnet qui atteint le sublime :

LA DOUCE MORT

I

Sur une feuille posée
Par la Nuit dans son sommeil,
Une goutte de rosée
Se trouvait loin du soleil.

« Oh! que ne puis-je, embrasée
Par quelque rayon vermeil,
Pauvre goutte méprisée,
Voir le jour à son réveil! »

Se dérobant à l'ombrage,
Elle sort du doux feuillage :
Le soleil luit à ses yeux ;

Elle meurt à sa lumière
Et monte, vapeur légère,
Dans un rayon vers les cieux.

II

Moi, comme la goutte frêle,
Ce fragile diamant,
O lumière, je t'appelle :
Sors du profond firmament.

Lassé de l'ombre éternelle,
Ton doux éblouissement
M'attire ; à mon cœur aimant
Que ta splendeur étincelle !

Mes dieux, ma religion,
C'est toi ! Sous ton plein rayon,
Vérité, je me hasarde.

Le vrai, je sais, fait souffrir :
Voir, c'est peut-être mourir.
Qu'importe ? O mon œil, regarde !

Guyau aimait la mer. Il a écrit d'admirables pages sur l'Océan. Mais celui-ci ne lui fut pas propice ; il dut revenir dans le midi de la France.

Écoutez ce cri du cœur en retrouvant la Méditerranée :

LA MÉDITERRANÉE

Pont Saint-Louis (Menton).

Enfin je te revois : salut, mer au flot pur,
Souriante au soleil, dangereuse et charmante,
Ma préférée, ô toi qui sais rester d'azur
    Même dans la tourmente !

Je viens vers toi, lassé de l'Océan brumeux,
De sa plainte éternelle et de son flot sauvage :
Que toute la gaité vivante en ton rivage
    M'entre au cœur par les yeux !

. . . .

Je voudrais pouvoir vous faire d'autres citations, mais il faut me borner.

On comprendra déjà cette appréciation de M. Tarde sur Guyau : « Supposez qu'une nature de cet ordre eût apparu sur les rives du Gange, au lieu de se déployer sur les bords de la Méditerranée, nul doute qu'elle n'eût été saluée comme la réincarnation de quelque ancien dieu métaphysicien et que son tombeau n'eût fait des miracles. »

Or, pour remercier M. Alfred Fouillée de m'avoir donné quelques autographes de Marie Guyau, je lui avais promis le portrait graphologique du grand écrivain et penseur. Je pris une belle feuille de papier blanc, et... pour ce jour là je n'en fis pas davantage.

C'est qu'il est bien difficile de faire le portrait d'un homme comme Guyau quand on connaît sa vie et ses œuvres. Il se livre dans ces dernières d'une façon si complète qu'il naît dans l'esprit du lecteur des préjugés indéracinables. Et cependant, j'avais promis ce portrait ! C'est alors qu'il me vint l'idée de le faire faire à M. Bridier. Je choisis quelques spécimens d'écriture et je les envoyai sans signature comme un portrait à faire pour une personne à laquelle je servais d'intermédiaire, ainsi que cela m'était déjà arrivé plusieurs fois. Guyau était alors un inconnu pour Bridier et son écriture, qui est très rare, n'avait encore été reproduite nulle part. L'épreuve était intéressante.

Quinze jours après je reçus une lettre de Bridier dont je détache ce passage : « Je suis tout honteux de vous avouer que je n'ai pas encore rédigé le dernier portrait que vous m'avez envoyé, je m'y suis mis un jour pourtant, et j'ai opéré un dépouillement très minutieux, tel que le demandait l'écriture d'un si grand émotif et si cérébral en même temps. L'écriture m'avait empoigné et je l'aurais probablement portraituré du coup si une triviale circonstance de la vie courante ne s'était interposée entre mon idéation et ma rédaction. Je n'en ai d'ailleurs pas autrement regret, car l'écriture que j'aurais aimé voir accompagnée d'une signature, mérite un travail absolument sérieux, et je me trompe fort si je n'ai pas à faire à une nature des plus aristocratiques, intellectuellement surtout et sans préjudice d'une sensibilité raffinée et exceptionnelle. Ce n'est d'ailleurs pas à Cherval que je retrouverai le calme nécessaire pour libeller définitivement l'analyse de mon inconnu de génie, presque. »

Je me gardais bien de répondre ; je ne voulais pas détruire mon expérience en éclairant prématurément le graphologue. Bientôt je reçus l'avis de l'envoi du portrait. Bridier, n'étant jamais complètement satisfait de ses travaux, s'excusait de n'avoir peut-être pas fait la véritable mise au point : « Ce qui me console, ajoutait-il, c'est que j'ai à faire à ce que vous appelleriez un type de très haute supériorité et dans cette catégorie de scripteurs, il ne saurait se rencontrer les banalités courantes ».

Après avoir lu son portrait, je lui envoyai quelques observations critiques et j'ajoutai que jamais M. Fouillée ne croirait que la graphologie seule l'avait inspiré. Voici l'intéressante réponse de Bridier : « M. Fouillée, je crois, est trop intelligent et trop grand psychologue pour s'étonner d'un résultat graphologique après tout très ordinaire. Les analyses réellement difficiles à mener à bien, sont celles des insignifiants, des médiocres et des hypocrites ; c'est dans ces trois catégories que j'ai subi les rares échecs dont j'ai tenu compte, et encore manquant de moyens d'information pour contrôler. Maintenant je suis assez sûr de moi, pour affronter même à l'occasion des expérimentations scientifiques. J'ai beaucoup gagné en éthologie pure et, chose bizarre, j'ai à reconnaître que M. Fouillée est pour quelque chose dans mon perfectionnement. Le portrait de Guyau vous appartient doublement et je souscris aux modifications dont vous me parlez, la seule remarque que j'ai à faire c'est qu'il a été fait à pied levé et non pour l'impression. Il n'est pas du tout ciselé, mais c'est si long à faire du style ! il faudrait au moins une journée par page ; on ne peut se permettre cela que pour des choses très courtes et encore n'en ai-je jamais le courage. Recopier est déjà un ennui, mais corriger ensuite et à plusieurs fois, j'en suis incapable ; je n'ai pas le signe de la recherche du mieux. Je comprends bien et j'admets pleinement votre critique : il contient des hors-d'œuvre, mais ces hors-d'œuvre étaient pour vous, pour vous amener à suivre la genèse d'une conclusion, et depuis longtemps je ne parle plus graphologie dans mes portraits livrés aux profanes. Pour ce qui est du travail de charpentier, je suis tout fier que vous vous en soyez aperçu, et que vous l'ayez qualifié par le mot exact. »

Et maintenant voici ce portrait. On serait tenté de ne pas croire à la sincérité de l'auteur, tant les expressions sont parfois extraordinairemeut heureuses, si nous ne savions, je le répète, que M. Bridier a semé de tels travaux pendant dix ans à tous les coins de la France. Son succès, même très grand, était un fait banal.

Le graphisme de M. X... est un graphisme complexe: par suite sa vie, sa physionomie scripturale n'est pas subordonnée à une caractéristique unique, exubérante, dominant toutes les forces de la personnalité pour les endiguer dans une seule direction. A première vue, il est impossible de qualifier cette écriture au moyen d'une épithète qui la différencie, et au fur et à mesure qu'on l'examine les dominantes se révèlent multiples et se partagent l'attention.

Elle possède parfois un relief remarquable ; parfois elle est plus ascendante que descendante, moins anguleuse que raide ; souvent elle prend un cachet d'intimité extraordinaire comme celles d'Alfred de Vigny, de Sully Prud'homme, où la complexité disparaît presque devant la candeur.

Elle est simple, claire, souple, grasse ou aérienne, toujours sobre et rapide, tendant souvent à la verticale.

Telles sont les différentes dominantes qui se succèdent tour à tour dans le champ de la loupe sans que l'une d'elles se manifeste au détriment des autres.

De cette diversité de points de vue généraux auxquels il est permis de se placer tour à tour, il est logique d'inférer tout d'abord que le caractère à analyser n'est pas un caractère simpliste, mais au contraire qu'il est excessivement complexe, et comme en même temps ces divers traits scripturaux se retrouvent d'une manière constante dans l'ensemble des autographes, à la première inférence s'en ajoute une seconde immédiatement, c'est que ce caractère est un caractère mobile et vibrant.

Fait important à signaler, en ce qu'il influe sur l'appréciation à porter sur la loyauté du caractère : cette mobilité saturée de variations ne va pas jusqu'aux discordances et toujours, quoique ondoyant et divers, M. X... est identique à lui-même.

Par suite, les directions d'hypocrisie ou d'émiettage dans

lesquelles on aurait pu s'engager se trouvent fermées, et dans cette caractéristique scripturale qui résulte de toutes les autres un peu intenses, on est obligé de voir l'indice d'un caractère impressionnable jusqu'à la sensitivité.

Emotivement, M. X... est un sensitif, d'une sensitivité d'autant plus exacerbée qu'elle a été contenue et refoulée dans tous les sens. Cette sensitivité est si vive qu'elle en est douloureuse ; la tendance du dernier mot à descendre le proclame.

Avant d'être un cœur meurtri, il a été un timide et un gêné, manières d'être qui sont de bonnes préparations à la souffrance.

Mais il est des cœurs que cette souffrance ferme et durcit ; il en est d'autres qu'elle ouvre et amollit ; le sien appartient à ce dernier genre ; l'âme est restée droite, candide même en dépit du vague charlatanisme inséparable tant de la vie expérimentale que de la pratique de l'art, regorgeant de charités, de bienveillances originelles ou acquises dont les points saillants sont la sympathie, l'aménité (encore qu'elle se manifeste parfois sous une forme bourrue), la clémence, le pardon, la gratitude, et tout ce qu'on est convenu d'appeler les bons sentiments et les séductions de la sociabilité. La sensitivité est indiscutable, appuyée qu'elle est sur l'imagination, l'exaltation même, la variabilité des impressions, l'inégalité de l'humeur et la douceur, cette source des tendances altruistes. Elle est assez intense, assez mouvementée même pour donner naissance au sentiment du moi, et c'est pourtant ce qui ne s'est pas produit. Retenue et refoulée, cette sensitivité est, en tant que transformée en sentiment du moi, restée à l'état de virtualité de sentiment, et toute sa force s'est épanouie en compréhension d'autrui, large indulgence et amour de la vie avec ses charmes et ses tares.

Un peu plus accentuée est la forme démonstrative du sentiment du moi ; l'orgueil est d'ailleurs le péché des intellectualistes. Dans l'espèce on ne rencontre même pas cet orgueil montrant le bout de l'oreille sous ses formes habituelles et communes. A peine quelques lettres sont-elles exhaussées et pour que l'existence du sentiment en puissance soit bien constaté, il faut le confirmer au moyen des barres des *t* placées parfois un peu haut et de finales en panache assez fréquentes. Ce dernier signe indique que c'est moins de la pose pour la galerie qu'il s'agit que de la satisfaction intime ou contentement de la tâche faite. Et ce dernier signe est en même temps une promesse d'activité ; on ne le rencontre fréquent que dans le graphisme des plus actifs.

Sentir, c'est comprendre, pourvu que l'émotivité soit ouverte à tous les horizons, capable de recevoir toutes les impressions, et par là l'émotivité est la grande condition de l'intelligence en même temps que l'élément constituant de la mémoire. M. X... est arrivé à l'idée par cette voie, directement, logiquement, au moyen du procédé de la réduction de la sensation. Ce serait dès lors une question oiseuse que de se demander s'il est plus émotif que cérébral ; les deux termes sont impliqués l'un dans l'autre ; chacun est à la fois indivisiblement émotif et intellectualiste à sa manière et si quelqu'un comprend peu ou point, c'est qu'il sent mal ou pas du tout.

Pour beaucoup comprendre, il faut nécessairement beaucoup sentir ; on a vu que sous ce rapport, M. X... ne le cède à aucun émotif tant par la profondeur des empreintes reçues que par la multiplicité de leurs réactions.

Parmi ces modes de réaction, il en est deux que l'on qualifie le plus souvent d'intellectuels ; ce sont : celui qui a pour symbole graphique l'écriture dextrogyre, et celui dont la caractéristique est l'ondulation large sans pourtant être sinueuse du graphisme. Ce sont en même temps deux signes généraux de profonde émotivité ; le premier révélant une conscience étendue qui implique par là même sentiment et sensation aussi vifs que complexes ; et le second d'une souplesse subjective qui fait que les objets de la vision spirituelle se présentent tour à tour sous toutes leurs faces et dans tous les jours possibles. A titre de hors-d'œuvre, il est à remarquer que le mensonge n'est pas autre chose qu'un effet de cette mobilité subjective avec plus d'inconstance et d'agitation. Par exubérance d'émotivité, M. X... est altruiste, — intellectuellement cet altruisme est un trait d'union entre lui et les milieux ; qui dépense beaucoup a besoin de faire beaucoup de recettes.

Par suite son esprit est plus un esprit de logique et d'analyse qu'un esprit contemplatif et d'invention. Il livre sa pensée, sa propre substance au monde, mais il retire de ce même monde les éléments nécessaires pour reconstituer cette substance sous peine de disparition. Son cerveau, plus ordonné que prudent et encore qu'il soit assez primesautier, n'absorbe pas les ambiances sans choix et au hasard de l'absorption. Elles passent au crible avant d'être utilisées. Dans son mécanisme cérébral existe tout un mécanisme d'adaptation : le sens critique discerne quels sont les meilleurs matériaux ; l'amour du beau et le sens plus spécial de la forme président à leur agencement et à leur emploi ; le goût du vrai, aidé du sens philosophique, fait le tri de ces matériaux, établit leurs analogies et leurs différenciations, puis combine le tout dans une consistance originale, encore bien que chez M. X... la dominante d'originalité existant pourtant et non pas seulement à l'état de virtualité, soit subordonnée à la puissance de différenciation.

On comprend que dans ces conditions cet esprit soit saturé de sagacité, d'observation, de subtilité et aussi d'application, rien ne se faisant sans effort.

Avec moins d'idéalisme esthétique ou scientifique et moins d'altruisme émotif, cette intelligence aurait pu être celle d'un homme pratique, positif même, fait pour la vie courante. Ce ne sont ni la souplesse ni la finesse qui manquent. Il y a là une habileté qui pour n'être pas commerciale n'en est pas moins positive ; de l'entêtement qui n'est que l'intérêt spécialisé poussant nécessairement dans telle ou telle direction ; une puissance énorme d'adaptation qui en politique eût été de l'opportunisme et qui dans l'espèce est ou a été ce que les chiromanciens étiquettent sous la rubrique « *ligne de chance* », c'est-à-dire un concours heureux de circonstances dans telle ou telle situation ; enfin le sentiment de la prévoyance et de l'économie restant à l'état de modération générale de caractère sans beaucoup marquer leur empreinte sur lui.

Cette hypothèse n'est pourtant pas admissible ; l'intelligence de M. X... avec ses forces pratiques bien réelles est restée dans une sphère supra ou extra-positive ; c'est d'abord parce que le goût du beau et le goût du vrai, le sentiment du rythme et de la forme y étaient en excès, et aussi parce que la voie d'assimilation suivie d'ailleurs sans hésitation, et le plus fréquemment n'a pas cependant été adoptée ou imposée à l'exclusion de toute autre.

Homme d'instinct dans une certaine mesure, comme il vient d'être dit, M. X... doit être esprit d'intuition dans la même proportion, et c'est ce que démontre la station faite à chaque pas comme pour se recueillir et méditer. Il court en droite ligne, méthodiquement, vers l'objet de l'assimilation, mais sans aucune passivité ; bien peu des mots se développent sans aucune coupure, aucune déduction ne se fait sans être digérée par la méditation. Au moyen de ce raffinement, toutes les tournures d'esprit changent d'aspect pour s'ennoblir en quelque sorte, la finesse se transforme en distinction, la mémoire devient culture d'esprit et la culture d'esprit devient érudition, et ainsi de suite ; toutes épurations d'ailleurs qui ne sont pas d'un grand secours et qui sont fort peu estimées dans la vie terre à terre. Et il est résulté de tout cela une intelligence extra-humaine qu'il est possible de préciser au moins sous son principal aspect qui fait de M. X... un philosophe d'état sinon d'intuition.

Par son émotivité, il a ressenti toutes les émotions possibles ; par son intelligence, il a fait le tour de toutes les connaissances terrestres, et il est resté simple sinon humble, les poussées d'orgueil primitives ayant avorté. En conséquence, il est permis de conclure à un scepticisme foncier, peut-être même à un agnosticisme pyrrhonien comme pensée ultime et de derrière la tête.

Intellectuellement donc M. X... apparaît comme un philosophe sceptique et par suite tolérant, de large envergure, ayant assez pensé et assez vécu pour être arrivé au dernier terme de la sagesse humaine, la résignation ; c'est à tort qu'il est dit plus haut qu'il possède des forces pratiques et positives.

Ayant senti et connu tout ce qui peut être l'objet d'une émotion ou d'une idée, sceptique et résigné à l'universel fatalisme des êtres et des choses, il n'est pas un homme des contigences ; son royaume est ailleurs, c'est celui de l'idée pure.

Les grands émotifs, s'ils ne sont pas enlisés dans la passivité ont forcément des sens actifs, puisque l'activité n'est que la réaction aux excitations sensitives.

Les différenciations qu'il est possible de faire dans cette catégorie sont donc basées sur les qualités et les modes de réaction qui par exemple seront continus ou discontinus, ce qui constitue la constance ou l'inconstance.

Les uns, et c'est le plus grand nombre des émotifs, subissent une décharge d'activité presque immédiatement consécutive à l'excitation ; les impressions reçues n'ont que le temps de se transformer sans se réduire. Tous ces gens-là sont marqués d'un caractère commun et qui se rencontre chez tous : la prédominance des actions réflexes.

Chez les autres qui constituent la minorité, les excitations se réduisent jusqu'à devenir des idées ; la décharge d'activité est retardée ou même avorte pendant que le mouvement spirituel résultant des chocs et de la vibration subis, se transforme en nn autre mouvement spirituel, à l'encontre de ceux de la première catégorie pour lesquels l'excitation intérieure se transforme directement en gestes ou actes.

M. X... fait partie de cette seconde catégorie, avec cette complication que son émotivité réduite dans tous les sens se transforme presque en entier en cérébralité, et par conséquent reste plus snbjective qu'elle ne s'extériorise en actions réflexes, si toutefois on prend le mot comme signifiant les manifestations les plus grossières de l'acte réflexe, qui à la vérité est l'unique constituant de la vie universelle tant physique que psychologique.

Il est donc actif et le principal signe en est dans la rapidité en même temps que dans la mobilité scripturale ; c'est ce que confirment non seulement de grands coups de réalisation et d'exécution, mais aussi des coups d'initiative réitérés bien que ne formant pas dominante exclusive, une ardeur continue, sujette à des défaillances, mais qui semble reprendre des forces dans ces défaillances, comme dans des haltes de repos, et qui, la tâche accomplie, se manifeste par la satisfaction intime et le frisson caractéristique de contentement, appréciable même pour les tiers dont il a été question plus haut comme manifestation orgueilleuse.

A l'ampleur émotive, aux larges horizons intellectuels correspond une grande diversité de modes de réaction, dont il y a tout d'abord à constater les retards d'ailleurs prévus, et qui ne dégénèrent ni en paresse, ni en manque de ponctualité.

Le sentiment du moi a montré le bout de l'oreille ci-dessus sous sa forme démonstrative ; on le retrouve ici transformé en quelques accès de despotivité, rares comme les manifestations orgueilleuses elles-mêmes, mais rendus plus sensibles par l'expansion pleine de l'effort, par la fermeté et par l'obstination souvent aiguë. Avec la passion continue et l'ardeur, c'est plus qu'il n'en faut de modes d'activité pour donner naissance au courage, du moins sous sa forme supérieure de courage civil et de sang-froid.

Ce sont aussi autant de modes de variétés d'exécution, auxquels on peut ajouter la ténacité dans le projet autant que dans l'action ; mais dont les manifestations sont plus rares et moins fécondes.

Comme obstacle au libre jeu de ces forces, on ne voit guère que les défaillances plus haut signalées, qui sont en rapport étroit avec l'amour du rythme et de la forme, dérivant en quelque sorte de la méditation et que l'on pourrait appeler paresses d'intellectualiste.

Passif, placide, M. X... ne l'est pas si par ces mots on ne vise a s son calme et son sang-froid ; sa souplesse se transforme plutôt en butinage perpétuel et excursions sur un point ou sur un autre, dans le domaine de la pensée.

Le caractère est un caractère obstiné dans une large mesure, lorsqu'on le considère sous le rapport spécial de l'activité. Si on ajoute à cette obstination quelques pointes d'aigreur et quelques côtés désagréables de caractère, l'originalité qui n'est pas seulement latente, et enfin la supériorité qui situe la personnalité en dehors du monde courant, et à part, on a un caractère qui bien que très sympathique, est peu pratique, socialement parlant, malgré toutes ses tolérances théoriques, et tous ses côtés brillants ou charmeurs, que la cohue de la foule est d'ailleurs incapable de comprendre.

Au point de vue des rapports sociaux, M. X... est donc un peu l'homme dont on dit qu'il est ours ; ce qui au surplus est un motif d'estime en plus pour ceux qui ne sont pas la foule.

Sensitif, imaginatif, vrai par le cœur, artiste, penseur, philosophe par le cerveau, sans aucune spécialisation excessive qui le diminue, fécond enfin, original et oseur, sous le rapport de l'activité, M. X... constitue un type de très haute supériorité, même en ne tenant pas compte des traits de caractère spéciaux, sur lesquels on base ordinairement cette appréciation.

En envoyant une copie de ce portrait à M. Fouillée, je lui présentais en même temps les observations critiques que j'avais faites à M. Bridier et auxquelles il avait souscrit sans difficulté.

Les voici : « Quand M. Bridier parle de la complexité de l'écriture qui disparaît presque devant la candeur, je voudrais ajouter que parfois l'écriture révèle de profondes dépressions (grandes inégalités du tracé, lignes descendantes), indices d'un état maladif dans lequel la sensibilité joue un rôle.

Page 2. — L'écriture ne me dit pas que sa sensibilité ait été refoulée dans tous les sens et augmentée, exaltée par une grande contention. La forme douloureuse de la sensibilité de Marie Guyau, ne provient pas, il me semble, d'un refoulement, car l'écriture est simple, sereine, naturelle, avec des mouvements sobres, mais directement de la sensibilité profonde alliée à une singulière clairvoyance.

Page 3. — Toute cette page me semble profondément juste. J'aurais voulu cependant que mon ami n'exprimât pas même l'idée de pose pour la galerie. Un tel esprit, élevé, doué d'une grande spontanéité, actif, à l'ambition noble, cherche sa récompense surtout en lui-même. Le gros public ne compte pas pour lui. Faut-il appeler « galerie » les quelques esprits d'élite avec lesquels nous communions ? C'est un agrandissement de nous-même.

Page 3. — « L'orgueil est le péché des intellectualistes ». Je pense que la très grande étendue des facultés de Guyau n'autorise pas à lui appliquer l'épithète d'intellectualiste. Il était extrêmement intelligent, mais son intelligence ne diminuait en rien ses sentiments, elle était en harmonie avec eux. L'intellectuel est celui dont le caractère inférieur n'est pas eu harmonie avec l'intelligence. Ce n'est pas le cas. Au reste M. Bridier dit plus loin que cérébral et émotif sont deux termes impliqués l'un dans l'autre. Alors le terme intellectualiste n'a pas de sens.

Page 6. — Au sujet de l'agnosticisme, notez que la résultante de M. Bridier est précédée d'un *peut-être* et qu'elle est amenée logiquement quoique avec hardiesse. Après avoir constaté que l'esprit de Guyau était encyclopédique, qu'il avait conscience de sa valeur et qu'il était resté humble, les poussées d'orgueil pressenties ayant avorté, il conclut à un scepticisme foncier et *peut-être* à l'agnosticisme comme pensée ultime de *derrière la tête*. Évidemment la graphologie n'indique pas cela directement; mais elle permet de l'énoncer en fournissant les éléments de la résultante. Maintenant dans un portrait chacun met ce qu'il sait, le graphologue voit autrui à travers le prisme de ses propres qualités et *de sa science*. Bridier, qui est un philosophe, a flairé un confrère.

Page 7. — « M. X. fait partie de cette seconde catégorie » etc. Là reparaît l'idée d'intellectualiste. Je crois au contraire que le naturel de l'écriture et son mouvement dextrogyre permettent d'affirmer le naturel du caractère et conséquemment la permanence de la spontanéité malgré le développement prodigieux de l'intelligence.

Même page 7. J'admire sans réserves le paragraphe suivant. « Il est donc actif » etc. .

Dernière page. « Le caractère est obstiné » etc. Tout le contenu de ce paragraphe et du suivant n'ont pas mon assentiment. Laissons de côté M. Bridier, qui me semble ici s'être laissé égarer par un essai de résultantes compliquées, tandis qu'il n'avait qu'à regarder l'écriture dans ses manifestations primitives pour juger tout différemment. En effet l'écriture est dextrogyre, simple, naturelle, lisible, inégale, inclinée, de bonne grandeur moyenne, tous signes de simplicité, de bonté, de tendresse, le tout sans étroitesse avec l'idée de justice comme coefficient. Est-ce là un caractère ours et peu pratique, socialement parlant ? J'aurais insisté, au contraire, sur les qualités morales et sociales de ce caractère car il est naturellement bon et juste. M. Bridier a parlé de son courage ; j'aurais parlé de son dévouement, de sa puissance non seulement théorique, mais pratique d'amour et d'abnégation ».

M. Fouillée me répondit par la lettre suivante :

« Je vous remercie de la peine que vous avez bien voulu prendre. C'est avec un vif intérêt que j'ai lu vos observations et corrections, qui sont très justes, sur le portrait de Guyau fait par M. Bridier. Guyau n'avait absolument rien de l' « ours », rien même de « bourru » ; impossible d'être plus affable, plus disposé à tout prendre du bon côté, à sympathiser avec tous. Il est très vrai qu'il avait « l'amour de la vie », mais pas « avec ses tares ». Parler d'accès de « despotivité » est trop, quoiqu'il sût, dans les grandes occasions et par *devoir* déployer une volonté très énergique. D'ordinaire, sa douceur et sa patience étaient prodigieuses. Je ne crois pas qu'il fût *plus* déductif que contemplatif et intuitif ; il était autant l'un que l'autre.

Avec les corrections que vous y apportez, ce portrait est exact en somme et marque une vraie pénétration psychologique ».

Telle est la conclusion de cette belle expérience. Elle n'était pas faite pour être publiée, c'est ce qui en fait l'intérêt. La preuve est sans fard. Il me semble qu'elle vient à l'appui de ma réponse à la question 12 du Congrès, à savoir que la graphologie entre les mains d'un observateur expérimenté nous offre un haut degré de probabilité et fournit des indications qu'aucun autre moyen ne pourrait égaler.

J. Crépieux-Jamin.

DE L'AUTHENTICITÉ DES AUTOGRAPHES

L'idée de fabriquer des faux ne se développa qu'au moment où le commerce des autographes prit une certaine extension, c'est-à-dire vers 1840, époque à laquelle fonctionna la première fabrique. L'écriture était fort bien imitée et le style approprié au temps et au personnage ; les pièces étaient écrites sur du papier ancien emprunté à de vieux registres ou à des gardes de livres, l'encre était jaunâtre et des traces de cachets étaient simulées sur certaines lettres. Les noms falsifiées étaient bien choisis ; c'était Rabelais, Bayart, Charles V, Agnès Sorel, Talbot, Jacques Cœur, Raphaël, etc... Toutes ces merveilles finirent par éveiller l'attention de certains amateurs qui voulurent examiner de plus près le texte de ces lettres. De là naquirent des polémiques qui se prolongèrent jusqu'en 1871 ; c'est à cette époque que toutes ces pièces extraordinaires furent définitivement classées parmi les faux.

Plusieurs noms furent encore falsifiés : Boileau, Racine, Lafontaine, Louis XVI, Marie-Antoinette et Madame Elisabeth. Les épigrammes de Boileau, les fables de Lafontaine, les lettres de Racine abondèrent ; on avait eu soin bien entendu de signer toutes ces pièces afin d'en augmenter la valeur. MM. Lalanne et Bordier en démontrèrent la fausseté en 1849.

Après cette première série vint la fameuse affaire Vrain-Lucas, dont un illustre savant M. Michel Chasles, fut victime ; il acheta pour une somme de 15.000 francs, environ une collection de pièces fausses absolument invraisemblables, telles que des lettres de Marie-Madeleine, de laissez-passer de Vercingétorix et de Jules César, écrits en français et sur papier, etc.

De nos jours il existe des faux très grossiers de lettres de la Mise de Pompadour ; mais le papier est fort laid et l'écriture ne ressemble en rien à celle de la Marquise : son cachet aux trois tours est remplacé par le cachet royal. Il ne peut y avoir confusion pour quelqu'un connaissant tant soit peu les autographes. Mais ce que nous voulons examiner ici, c'est la manière dont on peut reconnaître les faux autographes.

Lorsque vous avez entre les mains une pièce ancienne dont vous suspectez l'authenticité, vous devez regarder d'abord :

1° Si le papier est contemporain de l'époque du personnage auquel la pièce est attribuée.

2° Vérifier si la fabrication du papier, qui a varié suivant le temps, contient bien certain filigrane qui révèle de quel siècle date la pièce que l'on examine.

3° Si la nature de l'encre et de la plume dont on s'est servi étaient bien en usage au moment où la dite pièce a été écrite ; car on sait que jusqu'au XIX⁰ siècle on n'a employé que la plume d'oie ; plusieurs lettres ont été reconnues fausses à la suite de cet examen ; les faussaires ignorant cet usage, avaient employé des plumes de fer qui avaient laissé leur trace sur le grain du papier.

4° Le cachet, l'adresse et les cotes mises au dos des pièces par le destinataire servent encore à en constater l'authenticité.

5° La comparaison de la lettre suspecte avec une lettre notoirement authentique, émanant du même personnage. A cet usage nous avons à notre disposition, à défaut d'originaux, de nombreux recueils de fac-similé reproduits d'après les archives de nos grandes bibliothèques françaises et étrangères.

6° Après avoir examiné tout ce qui concerne l'écriture, il est bon de vérifier le style, l'orthographe et les faits énoncés dans la pièce ; car il est rare que le faussaire ne se trahisse pas dans un de ces éléments nécessaires à la fabrication d'un faux, et l'œil exercé d'un expert ne doit pas s'y tromper.

Les fac-similé sont également assez difficiles à reconnaître ; si l'on hésite pour savoir si telle pièce est gravée ou originale, il suffit de tremper une plume dans un acide et de faire tomber une goute du liquide sur la queue d'une lettre ; si l'encre disparaît, c'est un autographe, si au contraire elle résiste, c'est de l'impression, c'est un fac-similé.

En résumé, pour reconnaître une pièce fausse, ce qu'il faut surtout avoir, c'est un coup d'œil que l'on acquiert avec un travail constant et une longue expérience

D'ailleurs, les faux autographes se font heureusement de plus en plus rares ; beaucoup ont été détruits par les soins des experts ou mis hors d'usage au moyen de l'emporte-pièce.

Noël Charavay.

ÉTAT ACTUEL DES GRANDES COLLECTIONS

PUBLIQUES ET PRIVÉES

La Bibliothèque Nationale de Paris possède un grand nombre d'autographes; ses divers fonds ont été formés par les dons de grands amateurs tels que: les Béthune, les Dupuy, les Clairambault, etc... On y trouve les manuscrits autographes des pensées de Pascal, des sermons de Bossuet, le Télémaque de Fénelon, les mémoires de Louis XIV, etc.

Les Archives nationales sont également très riches en autographes et les plus beaux spécimens sont exposés aux yeux du public à l'hôtel Soubise; le plus ancien autographe que l'on peut y voir est un diplôme de 628 revêtu de la signature du roi Dagobert; viennent ensuite: la série de tous nos rois; la période révolutionnaire; les origines du serment du Jeu de paume et les testaments de Louis XIV et Marie-Antoinette.

Les bibliothèques Mazarine, de l'Arsenal, de la ville de Paris, de l'Institut, du Théâtre français, du Conservatoire, renferment des trésors que peuvent consulter facilement les amateurs de reliques historiques.

Les archives départementales sont également une source de renseignements pour les personnes qui s'occupent de l'histoire des provinces.

Les archives des anciennes familles, telles que celles de la maison de Condé à Chantilly, des La Trémoille, des La Rochefoucauld, sont très considérables et sont d'un grand secours, grâce à l'extrême obligeance des possesseurs actuels.

Les collections d'autographes privées qui peuvent être citées parmi les précieuses sont celles de : MM. La Caille dont la collection générale est une des plus riches d'Europe; le marquis de Flers, qui s'était fait une spécialité des souverains et des membres de l'Académie française ; le marquis de Saint-Hilaire, qui a légué sa précieuse collection de musiciens au Conservatoire ; de Refuge sur l'Institut ; P. Brenot, collection générale contenant les mémoires de Clairon, des manuscrits de Beethoven et de Haydn ; Robert de Rothschild sur l'Académie française ; J. Cain, le sympathique conservateur de Carnavalet, dont la série révolutionnaire est des plus complète ; le marquis de l'Aigle, qui collectionne tous les documents et autographes offrant un grand intérêt, et qui possède une lettre de Labruyère et une signature de Bayart.

Parmi les collections étrangères, on peut citer celles de M. Alexandre Cotin de Berlin, qui est une des plus riches ; de M. A. Morrison de Londres, dont le catalogue est des plus importants ; de M. Genether de Chicago.

Il y en aurait beaucoup d'autres à citer, car le goût des autographes déjà si répandu a depuis plusieurs années pris une grande extension ; et l'on ne peut qu'en féliciter les personnes qui ont le culte de l'histoire vraie. Il est arrivé bien souvent, en effet, que certains points de l'histoire, restés obscurs, ont été élucidés au moyen de documents autographes que des amateurs avaient eu la bonne fortune d'acquérir.

Noël CHARAVAY.

MÉTHODE DE CLASSEMENT

DES COLLECTIONS D'AUTOGRAPHES

Le mode de classement le plus commode est sans contredit l'ordre alphabétique ; mais il ne peut convenir que pour des collections générales et peu nombreuses : il ne présente pas l'intérêt d'un tableau d'histoire politique ou littéraire. Il est quelquefois choquant de trouver des personnages du XIIᵉ et XIIIᵉ siècle à côté de personnages du XIVᵉ que le hasard de cet ordre met côte à côte. Le catalogue de la précieuse collection Morrison en est un exemple typique.

La seconde méthode est celle des nationalités, c'est celui adopté par MM. Feuillet de Conches et Benjamin Fillon.

La troisième méthode est celle des catégories, qui, à mon avis, est bien préférable ; MM. Alfred Bovet et Alexandre Cotin l'ont adopté.

La quatrième méthode est celle qui prend pour base le siècle ; de cette façon, l'on ne craint pas les rapprochements de personnages trop différents.

Il y a enfin le classement par règne, l'on peut alors classer les dernières séries par ordre alphabétique ou par ordre chronologique en prenant pour base la date de naissance des personnages.

Les souverains doivent être placés suivant la date de l'avènement au trône ; les maréchaux, les ministres, etc., d'après la date de nomination.

Les séries provinciales ou départementales étant assez nombreuses, exigent un classement spécial et peuvent se partager en trois divisions, savoir : 1º personnages nés dans le département ou la province ; 2º personnages ayant exercé des fonctions dans le département, tels que gouverneurs, prélats, députés, etc. ; 3º documents concernant le département, les arrondissements, les villes, etc...

Les collections ayant été classées d'après un des ordres indiqués, il convient de les conserver et de pouvoir les manier facilement.

Il faut pour cela placer chaque autographe dans une chemise de papier un peu fort, sur cette chemise inscrire le nom du personnage, ses lieux et date de naissance et de mort et sa qualité, puis disposer ces dossiers dans un carton qui porte l'indication sur une étiquette.

Beaucoup d'amateurs joignent à chaque dossier les portraits du personnage, ce qui forme un ensemble très intéressant. On peut ainsi se rendre compte de la physionomie et de l'écriture de chaque individu.

En dernier lieu il convient de parler des amateurs qui forment des albums.

Pour constituer des albums, l'on prend par exemple la série des maréchaux de France.

On dresse la liste exacte des noms par ordre chronologique de promotion, on numérote chaque feuillet après y avoir fait inscrire les nom, prénoms et date de promotion, puis l'on colle les autographes après les avoir fait monter sur onglets de façon à pouvoir les décoller au besoin sans les endommager ; l'on place en tête de l'album une feuille de titre et à la fin une table alphabétique des noms avec renvoi aux pages. L'on peut aussi y ajouter des portraits que l'on fait monter de la même manière : l'album a l'avantage de pouvoir être mis sur une table et par conséquent manié et feuilleté plus commodément que les pièces en chemise et en carton.

Noël CHARAVAY.

BIBLIOGRAPHIE GRAPHOLOGIQUE

Il me semble opportun que l'attention des graphologues français se reporte sur l'importante contribution de Busse au Congrès de 1900 : la première Bibliographie qui se propose d'embrasser la production graphologique complète chez tous les peuples et dans tous les temps.

Puisque toute la littérature française s'y trouve mentionnée, tout membre de la Société de graphologie qui aurait à cœur de connaître les étapes de l'évolution graphologique devrait, selon moi, se la procurer par mandat postal moyennant 1 fr. 25 chez M. Hans H. Busse (Munich, Neurenther-Str. 3).

Afin que ce travail demeure constamment à la hauteur du moment, l'auteur se propose de le compléter chaque année par les additions qu'il comportera. Il s'en rapporte à l'obligeance de ses confrères d'Outre-Rhin, pour le tenir au courant de ce qui paraît en France.

L'ouvrage se divise en deux catégories. Pour la première : « Bibliographie de la graphologie proprement dite », il établit deux subdivisions :

I. Epoque préhistorique jusqu'en 1870 ; II. Graphologie à partir de Michon. Le tout comprend 244 pièces, tant livres et brochures qu'articles de revues, lettres, mentions épistolaires etc.

La seconde partie contient les « Sciences psychologiques. auxiliaires de la graphologie » et n'embrasse pas moins de sept sections : I. Psychologie ; II. Physiognomique ; III. Physiologie et Pathologie de l'Ecriture ; IV. Hygiène de l'Ecriture ; V. Science des Autographes : VI. Diplomatique et Paléographie ; VII. Calligraphie et Sténographie ; somme toute, 344 numéros.

Pour mieux orienter ses lecteurs à travers ce dédale, il y ajoute un complément ingénieux, savoir deux tableaux très clairs du développement historique de la graphologie. Pour la première époque il partage la feuille en deux camps, l'un latin, l'autre germanique, y désignant les auteurs de marque par des astérisques de différentes grandeurs ; enfin, par les diagonales dérivant de chacun de ces astérisques il s'efforce de démontrer *ad oculos* l'influence exercée par les maîtres et l'ascendant subi par les disciples. Il joint à cela deux colonnes de noms et de dates avec quelques renseignements en plus.

Le second tableau comprend les dernières 30 années du siècle, de 1870 à 1900. C'est exact, c'est vivant et parfaitement aménagé. D'un coup d'œil on embrasse l'évolution prodigieuse de la science de l'interprétation des écritures. Une édition française de ce travail méthodique me paraît opportune.

Busse fait précéder sa bibliographie de conseils exclusivement adressés au public allemand, cela va sans dire, mais qu'il me semble curieux et profitable de reproduire ici, illustration de la façon dont il envisage l'état actuel de la science.

Il y recommande, pour étudier l'évolution de la graphologie, les ouvrages suivants qui désignent les étapes les plus importantes du chemin parcouru.

A. *Ouvrages historiques.*

1. Michon. *Système.*
2.   —   *Méthode.*
3.   —   *Etude sur l'écriture des Français depuis l'époque des Mérovingiens* et *Dictionnaire des notabilités de France,* Torse superbe qu'il déclare l'œuvre la plus mûre de Michon.

4. Henze. *Chirogrammatomancie.*

5. Moreau de la Sarthe. *Réflexions sur l'écriture,* annexe originale à l'édition française de Lavater. Vol. III, p. 123-143.

6. Hocquart. *Art de juger du caractère des hommes.*

7. Camille Baldi. *Trattato come da una lettera missiva...* texte avec traduction par J. Depoin.

8. Emilie de Vars. *Histoire de la Graphologie.*

9. Preyer. *Ueber Mundschrift in der Handschrift* erschienen. Etude parue dans la revue *die Handschrift.*

10. Busse. *Entwicklung der Graphologie* in der Gegenwart.

11. Busse. *Wissenschaftliche Entwicklung der Graphologie,* 1895-1899, in *Internationale-Literaturberichte.*

(2 brochures qui traitent du développement de la graphologie).

B. *Travaux scientifiques.*

1. Preyer. *Psychologie des Schreibens* (Psychologie de l'Écriture).

2. Busse. *Die Handschriften Deutungs-Kunde.* Unterrichts-Cursus in 10 Briefen. (*Interprétation scientifique de l'Ecriture,* Cours didactique en 10 lettres).

3. *Graphologische Monatshefte*, 1899. (Revue graphologique de Munich).

4. Crépieux-Jamin, *L'Ecriture et le Caractère,* 4° édition.

5. Berichte der Deutschen graphologischen Gesellschaft, 1897 et 1898. (Revue graphologique de Munich).

6. *Die Handschrift,* herausgegeben von Langenbruch. 1 Jahr. (L'*Ecriture,* périodique rédigé par Langenbruch. 1re année).

7. Tarde. *La Graphologie* (*Revue philosophique,* Livr. 10. Cahier 262, p. 337-363).

8. Deschamps. *Philosophie de l'Ecriture.*

9. Busse. *Die Graphologie* eine werdende Wissenschaft (La graphologie, une science en pleine évolution).

10. *Journal des Autographes.* Nov. 1871-Février 1872.

Se continue sous le titre : *La Graphologie,* à partir de mars 1872.

C. *Graphologie pratique et vulgarisatrice.*

1. Crépieux-Busse. *Praktisches Lehrbuch.* (Traduction du *Traité pratique,* 8e mille, par Crépieux-Jamin).

2. Meyer. *Lehrbuch* (Traité pratique).

3. Langenbruch. *Graphologische Streifzuege.* (Excursions graphologiques).

4. Crépieux-Jamin. *La Graphologie en exemples.*

5. Gesmann. *Katechismus der Graphologie* (Catéchisme de graphologie).

6. Dilloo. *Handschrifts-Deutung* (Interprétation de L'Ecriture).

7. Dilloo. *Geheimnisse des menschlichen Seelenlebens.* (Mystères de la vie de l'âme humaine).

J'opine qu'un travail si consciencieux, si opportun, puisqu'il comble une lacune évidente et regrettable, aurait droit à une mention honorifique dans le compte-rendu du Congrès.

Baronne Isabelle UNGERN-STERNBERG.

LA RÉFORME
des Expertises en écriture

PAR

Mademoiselle Dolphine POPPÉE

Experte en écriture près le Tribunal de Vienne (Autriche),
et fondatrice de l'Institut graphologique de
Tabor (Bohème).

———

La belle France, où toutes les belles-lettres et sciences sont si cultivées, fut le berceau de la Graphologie due au génial créateur et fondateur l'abbé J.-H. Michon, dont la science se résume dans ces deux maximes : « C'est l'âme qui écrit » — et : « L'écriture c'est l'homme ». Ce n'est pas le texte, mais l'écriture seulement qui est intéressante pour nous autres graphologues ; c'est d'après elle que nous jugeons les qualités des hommes.

En Allemagne, ce fut avant tout le professeur Preyer, qui, inspiré par Langenbruch, donna à la Graphologie l'auréole scientifique par son œuvre : « Psychologie de l'écriture ». Preyer faisait aussi des expériences très instructives et intéressantes sur les malheureux qui, privés de leurs mains, sont forcés d'écrire avec les pieds, le nez, la bouche, le coude, où la plume ou le crayon est attaché.

En commençant, leur écriture est ataxique ; après un exercice prolongé, elle ressemble tout-à-fait à leur écriture ancienne.

Preyer avait la certitude que l'écriture ne dépend pas de la main, mais seulement du cerveau ; si celui-ci devient malade, l'écriture devient aussi défectueuse ou elle manque tout-à-fait (Paragraphie, Paralysie, etc.)

Les successeurs de Michon : Crépieux-Jamin, Pierre Varinard, Depoin, Léonce Vié, Mayeras, etc, se sont efforcés de faire de l'art graphologique une science avec des règles solides, dont la base est la psychologie et la physiologie.

Mais je veux m'occuper seulement de la réforme très nécessaire des expertises en écriture ; il est déjà temps de rompre avec les vieilles routines pour faire place au progrès, qu'on ne peut plus arrêter.

Un expert vraiment génial fut Henze, qui fit grande sensation, il y a 40 ans, dans « la Gazette illustrée de Leipzig », avec ses analyses graphologiques et ses expertises frappantes sur l'écriture. Mais il fut un peu intuitif; il jugeait très vite par instinct et point par argumentations logiques, il lui fut impossible d'enseigner son savoir immense à autrui. Ses œuvres, entre autres : « Manuel de lecture des autographes », ne peuvent être comprises ni par le novice, ni même par le savant graphologue ; il mourut sans avoir laissé d'œuvres ni d'élèves ; il a emporté son savoir immense dans son tombeau, et nous n'avons profité de rien.

Mon avis est qu'on commet trois grandes erreurs dans les expertises en écritures, savoir :

1º On emploie pour experts des calligraphes, des maîtres d'écriture, qui peuvent avoir les meilleures qualités, mais le principal pour leur vocation leur manque, c'est de pénétrer l'écriture comme psychologues et non comme écrivains mécaniques, car l'intérêt se trouve bien augmenté si l'on sait sur quels motifs se base le grand nombre des ressemblances et des signes graphologiques.

2º On mêle la calligraphie à la graphologie et c'est cependant tout différent.

3º Les experts ne doivent connaître que les questions principales, et non le cas juridique dont il s'agit : il leur importe fort peu (ce n'est pas leur affaire), de savoir ce qu'a fait l'accusé ; ils doivent seulement savoir ceci : L'écriture est-elle falsifiée, calquée ou non, est-elle identique à celle de sa main ou non ? C'est pourquoi je crois tout-à-fait superflues les explications anticipées dont quelques juges font grand cas ; je les crois nécessaires seulement dans des circonstances spéciales, dont je parlerai plus loin.

Il est à désirer que les journaux indiscrets n'irritent pas d'abord et n'excitent le public comme au procès Dreyfus, où la faute principale fut celle que certains prétendus experts n'avaient pas reçu l'écriture originale, mais seulement des reproductions, — ce fut une faute immense pour eux dans *tous les cas,* d'avoir accepté dans de telles conditions.

Comment doivent donc être faites les expertises ? « Pas du tout », disent certaines gens, qui ont fait des expériences très désagréables et qui désirent le congé complet des experts en écritures. Pour moi, je dis que les expertises sont nécessaires, mais doivent être justes, claires, brèves et faciles à comprendre pour le juge ; il faut que lui et le client soient convaincus par des raisons qui établissent comment et pourquoi l'écriture est ou non identique à l'écriture incriminée.

C'est plus facile dans les expertises médicales et même psychologiques, malgré des cas quelquefois très compliqués. Lombroso en parle dans sa *Grafologia.*

Une méthode uniforme est nécessaire pour les expertises en écriture ; j'en ai proposé une très simple à mes collègues des autres pays, méthode qui a la chance d'être acceptée lentement, mais sûrement. Je vais donc le démontrer par l'exemple d'un cas où je fus trompée.

Un de mes clients, que je ne connaissais pas personnellement, mais qui est très fidèle à mon institut graphologique, m'envoyait son écriture naturelle à juger. Trois ans plus tard, il la déguisait en écriture féminine et me l'envoyait avec la signature d'une dame. J'aperçus le déguisement que je supposais être de la nervosité, car j'avais en ce moment d'autres soucis que de penser à mon client, dont le nom si répandu « Müller », était sorti de mon esprit et je le pris pour une dame, ce qui l'amusa beaucoup. Une seule qualité ne s'accordait pas avec les caractéristiques que je lui avais données, celle de dame. Il me faut ajouter encore que M. Müller savait dissimuler si bien son écriture que son ami le plus intime, avec lequel il correspondait depuis 8 mois à cause d'un article de journal, le prenait pour une dame et devenait amoureux fou de lui sur le vu de ses lettres.

EXPERTISE D'ÉCRITURE
sur le cas Aloïs et Lilith Müller.

Zuerst muss ich Sie um Verzeihung bitten, dass ich mir erlaubte Sie durch eine verstellte Schrift zu täuschen, was mir auch insoferne gelungen ist, als Sie mich wirklich für eine Dame hielten

Écriture naturelle (Aloïs Müller).

Ich möchte Sie bitten meine Schrift graphologisch zu beurtheilen, und schreibe ich Ihnen zu diesem Zwecke folgendes Gedicht ab:

Ein Jüngling liebt ein Mädchen
Die hat einen Andern erwählt;
Der Andre liebt eine Andre,
Und hat sich mit dieser vermählt

Écriture falsifiée (Lilith Müller).

Je procède ainsi dans mes expertises pour les tribunaux et les personnes privées :

J'analyse l'écriture de la même manière que je le fais en enseignant la graphologie dans mon institut ; je commence par les marges qui me tombent d'abord sous les yeux.

1re *Question* : Est-ce que l'écriture Lilith Müller est dissimulée ?

2e *Question* : Est-ce que l'écriture L. M. est identique à l'écriture d'Aloïs M. ?

Pièce de comparaison.

Une lettre signée Lil. Mul., une lettre signée Aloïs Müller.

Écriture vraie.

Marge : Observée en haut et en bas, ondulée un peu à gauche ; à droite, à la deuxième ligne, un espace vide où un mot d'une syllabe avait place.

Au commencement, un alinéa à 1 ou 2 cm. de la marge.

Lignes : La plupart montantes ; les lignes 1. 2. 3. forment un arc de cercle ouvert en haut (4. 5. 6. lig.)

Minuscules : De grandeur moyenne, épaisses, plus rondes que pointues, bien formées, inégales, mouvementées, l'inclinaison plus à droite.

Majuscules. L'espace entre les *Majuscules* :
Lignes, la fin des mots.

Falsification.

Marge : En haut plus large qu'en bas, ondulée un peu à gauche. Le poème copié rend plus difficile l'expertise.

Au commencement, un alinéa à 2 cm. de la marge.

Lignes : Changeant de forme et de direction. Montantes, ondulées, la plupart en arc de cercle ouvert en haut.

Minuscules : Plutôt petites que grandes, fines, beaucoup de courbes et de pointes émoussées, à angles obtus, bien formées très inégales, tremblées, l'inclinaison plus à droite.

Il n'est pas nécessaire de rechercher une même forme dans une lettre de même

Déliés.
Points.
Crochets.
Les barres des *t.*
Signature.
Paraphe.

espèce ; on peut donner cette forme dans une autre lettre : c'est un vieux truc de faussaire.

De cette manière, j'analyse l'écriture vraie et la fausse jusque dans les moindres détails, en démontrant les différences et les ressemblances. Ce n'est pas une loi pour chaque expertise, puisque chaque lettre n'a pas les mêmes formes que celles employées par M. Müller.

Pour les signatures, cette analyse est naturellement abrégée, mais je me suis déjà persuadée que cette analyse est très instructive, ayant assez de pratique personnelle, puisque, chaque semaine, il me faut faire des expertises sur des lettres anonymes.

Le Prof. dr Hans Gross dit dans son ouvrage qui a eu un grand succès : « Manuel pour les juges », qu'on doit analyser d'abord le faux, puis l'écriture vraie, et puis les comparer ensemble. Malgré le grand respect et la considération que j'éprouve pour le prof. Gross, je ne puis y ajouter foi ; il est vrai que tous les chemins mènent à Rome, mais le travail est facilité à l'expert s'il décompose en *même temps* l'écriture vraie et celle à étudier, par exemple : le bout des mots du faux et puis, de suite, celui de l'écriture vraie et toujours sur la même feuille, ce qui est plus clair pour le juge.

L'expert doit aussi faire des remarques graphologiques sur les qualités importantes de l'écrivain pour les lettres anonymes dont l'auteur est difficile à trouver.

Un procureur du tribunal de Vienne m'a fait une fois une semonce désagréable à ce sujet : pourtant cela ne m'empêche pas de procéder de cette manière dans les expertises pour les personnes privées et j'ai eu le plus grand succès, je vais le démontrer par un exemple pratique.

J'avais à juger des lettres anonymes, et le soupçon tombait sur un haut employé, ancien procureur. En style et en écriture, le faux était de forme grossière, employée par un bûcheron qui passe sa vie solitairement dans la forêt ; cette dissimulation avait bien réussi, mais « chassez le naturel, il revient au galop » : la précaution, la méfiance du procureur se montra clairement, non seulement dans l'écriture originale, mais aussi dans le faux, où tout espace vide à la fin de la ligne était rempli par un trait ou un délié allongé ; cela se fait instinctivement pour qu'un étranger n'y ajoute rien. Les graphologues appellent cela : « trait du procureur ». Mais un bûcheron peut aussi être méfiant et prudent, répliqueront avec raison mes adversaires. Le faux montrait dans ses déliés, qui s'agrandissaient, le type vrai du paysan peu expérimenté, mais, dans beaucoup de mots, l'écriture coulante de l'homme du monde et élégant se trahissait par les courbes à gauche du dissimulateur et encore par d'autres signes de la sagacité et la subtilité du procureur. Comme, en outre, l'écriture avait beaucoup de ressemblance avec celle du faux, je ne manquai pas d'en faire mention dans mon expertise, ce qui servit à faire trouver l'écrivain. Mon client, que je ne connais pas personnellement, m'en fut bien reconnaissant.

Dans une autre affaire, je reconnus dans le faux un talent pour le théâtre ; cela servit aussi à faire découvrir l'auteur anonyme, qui était une actrice charmante.

Ce que dit Busse sur l'emploi de la graphologie au tribunal quant à l'observation et à l'authenticité des témoins, j'y ajoute bien foi, puisque le rapport d'un observateur, critique pénétrant, a plus de valeur que celui d'un homme qui a un bandeau sur les yeux.

Le rapport d'un homme calme, prudent, sincère, vaut plus que le témoignage d'un fanfaron, d'un menteur, d'un fantasque, d'une hystérique. Busse a si bien démontré cela que je ne trouve pas nécessaire de le déclarer, mais où il me faut le contredire décidément, c'est quand je trouve très nécessaire l'emploi de la photographie pour les examens des écritures.

Langenbruch a découvert, par l'agrandissement pho-

tographique du faux, beaucoup de différences qu'il n'avai
pas aperçues avec la loupe la plus perçante et j'ai eu,
ces derniers temps, un cas très intéressant où un monsieur fut condamné à cause d'un document falsifié que
plusieurs experts, pas des graphologues, ont reconnu à
l'unanimité comme son écriture. Le faux avait de grands
pâtés verticaux de la largeur de 4 à 5 millimètres, qui
couvraient quelques syllabes. Mais l'encre en était d'une
autre nature chimique que la première encre, la photographie le trahissait très visiblement. En outre, la première écriture montrait des différences par des formes
individuelles de l'accusé qui consistaient en *f* et *t* barrés
en retour et d'autres lettres idiotiques. Cela me frappa
fort. Il y avait encore d'autres différences dans les deux
écritures.

Mon résumé fut donc qu'elles n'étaient pas identiques.
L'accusé fut acquitté ; on reconnut son innocence, qu'il
n'avait cessé d'affirmer.

Un collègue français sauva de la même manière une
personne, déjà condamnée, accusée d'avoir falsifié un
bulletin de bagages. Je trouve aussi très juste l'avis de
Busse de se procurer trois autographes du prévenu, s'il
n'y a pas d'autres écritures antérieures à l'accusation,
lesquelles sont toujours les meilleures ; Busse conseille
de faire écrire par le prévenu quelques lignes, — s'il est
possible, avec les mêmes matériaux que l'écriture incriminée, — très vite, très lentement et modérément. Il
doit le faire dans un maintien normal, pas debout, ni
couché, ni sur les genoux, sans recourir à la transpa-
rence des vitres, mais étant assis devant une table normale.

Sans doute mon collègue Busse a oublié de mentionner
que les écritures tracées sous le contrôle des supérieurs
peuvent produire une dépression chez l'écrivain, ce qui
peut changer fort les signes graphiques, surtout s'il est
nerveux, impressionnable, sensible. Il y a quelques nerveux dont l'écriture change avant le dîner et après le
dîner, qui écrivent autrement le matin et le soir.

L'expert doit avoir égard aussi à l'âge de l'écrivain.
J'avais une fois à juger une dénonciation anonyme : les

juridictions croyaient que l'écrivain était un vieil employé maladif ; la lettre anonyme avait une ressemblance frappante avec son écriture, mais les traits tremblants étaient faits artificiellement et trahissaient la fraîcheur, la force de la jeunesse. Je disais donc dans mon résumé que l'écrivain était jeune et sans doute un proche parent du dénonciateur, puisque dans beaucoup de familles il y a non seulement ressemblance de traits de visage, mais aussi de ceux que trace la plume. La cause n'en est pas toujours due au même maître d'écriture, mais le plus souvent aux mêmes qualités héritées, au même milieu dans lequel on vit, à la même vocation, aux mêmes vues.

Mon observation fut suivie ; il résulta des recherches que la fille, âgée de 17 ans. de cet employé faisait sa correspondance et savait imiter très bien son écriture. Dès qu'il apprit qu'il avait été soupçonné, il demanda de suite sa retraite. Je crois donc que mon résumé n'a pas été erroné.

Les faussaires se trahissent dans les renflements, les déliés et surtout dans les marges ; ils ne savent pas que dans la partie d'une lettre qui n'est pas écrite, on peut reconnaître les penchants et les inclinations d'un étranger : c'est la netteté, l'économie, l'amour de la représentation et le contraire qu'on reconnaît dans les marges.

C'est un fait connu que l'écriture primitivement penchée à droite est redressée dans le faux ; dans les premières lignes, on observe cette contrainte, mais à la fin de la missive, si la main est déjà fatiguée et la patience épuisée, l'inclinaison naturelle revient dans une certaine mesure. C'est pourquoi les graphologues et les experts font un plus grand cas de la dernière page d'un écrit que de la première. L'écriture penchée ou verticale varie souvent même dans le milieu du mot.

J'ai eu souvent à examiner des faux où des personnes très intelligentes, des docteurs diplômés, imitaient dans un but déterminé l'écriture d'un homme du bas peuple ; bien que quelques faussaires eussent réussi parfaitement, les écrivains ne pouvaient pas empêcher que la forme élégante de leurs signes graphiques habituels ne pénétrât dans les majuscules, l'observation des marges, les signes de ponctuation justes ou abrégés et liés avec les lettres suivantes. Ainsi se trahit le vrai degré de culture intellectuelle de l'écrivain.

Je tiens pour indispensable la discussion anticipée du juge avec l'expert dans les cas suivants : pour des lettres anonymes ou complots d'anarchistes ; si l'expert reconnaît aussi l'extérieur d'après l'écriture et en peut donner des remarques justes. J'en connais quelques types (pas encore tous), si sûrement que je peux accepter une controverse à cet égard.

Paul de Schœnthan a écrit sur ce sujet, dans le *Tagblatt* de Vienne du 14 décembre 1898, un feuilleton intitulé : « Graphologie supérieure. » Il y a quelques années que j'ai découvert le sens des couleurs dans l'écriture : un article y fut consacré, en février 1897, dans la « Graphologie » et dans la « Revue graphologique mensuelle de Berlin. » Je reconnais donc dans l'écriture si l'écrivain porte des couleurs sombres, sérieuses ou voyantes, ou s'il préfère le juste milieu. A la direction de police, à Vienne, il y a quatre ans que j'ai mis de cette manière sur les traces d'un dénonciateur anonyme, ce qui contribua beaucoup à ma recommandation comme experte en écriture près le tribunal de Vienne (Autriche). Sur la base de ce sens des couleurs déjà précis, je trouve en outre que les personnes fortes, qui jouissent d'un coloris magnifique naturel (sans emploi du fard ni de la poudre), écrivent autrement que celles qui sont pâles et anémiées.

J'ai eu l'exemple d'une dame dont l'écriture m'a révélé qu'elle est très forte et que son coloris est magnifique. J'ai fait sa connaissance personnelle et me suis convaincue que ma conclusion était juste. Comme dans son visage où le rouge et le blanc se combinent si bien, ainsi dans ses lettres, les traits foncés et clairs contrastent les uns avec les autres d'une manière frappante. L'écriture a aussi une autre apparence si la plume est tenue par des doigts gras ou maigres. Quand il y a des assassinats mystérieux dont le *corpus delicti* se trouve seulement dans des lettres, comme par exemple pour l'affaire Hofer, — un meurtre double à Steinabrücke et à Vienne, qui est toujours resté mystérieux, — on peut conclure de la dominante de l'écriture au caractère de l'écrivain et comprendre le motif de l'acte, ce qui pourrait aider à trouver l'écrivain et peut-être aussi l'auteur.

Si par exemple la dominante de l'écrivain est l'avarice, on peut supposer que la cupidité a été le motif de son crime ; si la dominante est la colère ou la brutalité, le motif pourrait être une émotion violente, une précipitation ; si la dominante est une sensualité anormale et le manque d'empire sur soi-même, la perversité, l'insanité, la nymphomanie ont dû le pousser au mal.

Le Prof. Krafft-Ebbing, le Dʳ Erlenmayer, le Dʳ Scholz et le Prof. Preyer ont démontré que les maladies des aliénés se trahissent dans leur écriture. Le Prof. Preyer dit dans son œuvre : « Psychologie de l'écriture », page 215, de quelle manière on reconnaît qu'une personne est sensible à la suggestion ; c'est quand son écriture ne montre pas les signes de la méfiance, de la prudence, de la persévérance, de l'empire sur soi-même et qu'elle possède peu d'énergie, peu de personnalité.

Un écueil très dangereux pour les graphologues et les experts se trouve dans les écritures suivantes :

1º Celles qui sont écrites dans l'hypnose. Le professeur français Richet en a déjà parlé et tous les psychiâtres y ajoutent foi.

2º Il y a des personnes qui ont un talent inné pour les imitations d'écritures et même qui les imitent à leur insu. Ces écritures contrefaites sont plus difficiles à reconnaître que les faux artificiels, où l'on voit la contrainte, l'imitation servile, parce que leurs auteurs ne peuvent se façonner à l'individualité de l'écrivain.

En lisant à quel degré en étaient, il y a 100 et même 50 ans la chirurgie, la gynécologie et les soins donnés aux aliénés, combien de milliers de soldats blessés périssaient misérablement avant la méthode antiseptique, comment on battait les pauvres fous, soï-disant possédés du démon, et comme à présent ces cliniques ont réussi, il me faut penser : ne serait-il pas mieux de donner congé aux maîtres d'écriture, experts, calligraphes, pour lesquels il se trouve et se trouvera toujours assez d'occupation à mesure que les écoles seront plus fréquentées et ne serait-il pas mieux de leur donner occasion de se perfectionner sur la base des règles graphologiques ; de suivre des cours sur la graphologie judiciaire faits par un expert pourvu de beaucoup d'expérience et de savoir sur les écritures criminelles, car il y a beaucoup de graphologues qui ne s'occupent que de la psychologie de l'écriture et pas du tout de l'expertise de l'identité..

Plus que personne, les experts en écriture ont beaucoup à souffrir et leur position est souvent difficile.

Il serait aussi nécessaire de fonder des recueils d'écritures en archives pour les experts, des clubs d'experts graphologues où ils discuteraient sur les progrès et les résultats acquis.

Les experts doivent étudier les faux des procès antérieurs pour augmenter leur savoir et pour éviter les fautes déjà commises. Dans des groupements corporatifs ils continueraient à s'occuper de la science graphologique, sous la protection des juristes ; il serait possible en peu d'années que les experts en écritures, dont les conclusions changeantes n'inspirent pas toujours confiance jusqu'à présent, devinssent des auxiliaires utiles de la justice ! .

Dolphine POPPÉE,

Experte en écriture près le Tribunal de Vienne (Autriche).

ESSAI DE GRAPHOTHÉRAPIE

S'il vous a été donné assez souvent de constater que
lorsque le caractère se modifie, il en est, par la suite, de
même des formes graphiques, vous avez eu moins l'occasion
de juger de l'effet inverse, c'est-à-dire, de la modification de
l'écriture pour arriver au changement du caractère.

C'est l'exemple, que j'ai mis en vue dans les spécimens ci-
joints et qui contiennent outre l'écriture avant toute modification et l'écriture de quelques mois après, toute une série
successive prise dans cet espace de temps.

Dans l'enseignement, on impose à tous les enfants une
même forme d'écriture. Tous la subissent, en général assez
facilement, en raison de la souplesse de leur esprit qui n'a pas
encore pris d'habitude ; mais il en est quelques-uns qui ré-
sistent à l'action de ce moule commun, où l'on veut les en-
fermer, et qui n'attendent pas d'avoir acquis leur personnalité
pour manifester leur répulsion à ce module uniforme.

Cette réaction n'est visible, bien souvent, que pour un œil
observateur et exercé, tandis qu'on se contente, en général, de
constater cet état moral et d'accuser l'enfant d'être rétif aux
bons conseils et aux sages avis qui lui sont donnés, sans se
rendre compte que cela provient, presque toujours, d'un défaut d'entente entre l'élève et la méthode.

L'obligation pour celui-ci de se conformer à un type d'écriture déterminé, non approprié à son caractère, est une gêne
morale, occasionnant un véritable malaise physique qui réagit
sur toute sa nature.

C'était le cas du sujet, auteur des exemples que j'ai l'honneur de présenter.

Au numéro 0, c'est le résultat de l'écriture enseignée par
la méthode impérative ; il n'est pas brillant, à tous les points
de vue, écriture presque illisible qui occasionne de mauvaises
notes du Maître, par suite de la difficulté de correction des
devoirs.

Cette écriture nous montre un état d'agacement et d'énervement excessif ; par dessus le marché, l'imagination et la sensibilité le rendent susceptible, sujet aux larmes et au découragement, ce qui produit au physique la pâleur, l'agitation et la difficulté du développement corporel.

(Fig. 0).

La mère de cet enfant — femme d'une haute intelligence — voulut bien se charger, elle-même, de surveiller quotidiennement la méthode curative de graphothérapie et d'en suivre les résultats ; elle dirigea l'entraînement auquel j'avais soumis le jeune homme.

La première opération fut de trouver la forme qui convenait à la nature de l'enfant.

Pour y arriver il exécuta des lignes composées de sinusoïdes se liant par le haut, puis d'autres par le bas, puis des lignes d'écriture formées de bâtons liés par des angles, les uns droits, les autres couchés, etc. (*fig.* 00).

(Fig. 00).

A la suite d'exercices répétés, il déclara que c'était la deuxième forme qui lui était le plus sympathique et qu'il exécutait le plus naturellement ; la forme cherchée, correspondante à sa nature, était donc trouvée, il ne restait plus qu'à la lui faire mettre en pratique par un exercice raisonné qui lui inculqua progressivement l'écriture voulue, non pas d'une donnée première déterminée, mais par modifications successives, corrigeant les formes défectueuses et lui indiquant dans quel sens il fallait les modifier. Il arriva ainsi de lui-même à se donner une écriture personnelle, qui n'est basée sur aucune écriture modèle courante, mais où toutes les formes défectueuses ont été petit à petit remplacées par d'autres plus harmoniques et d'une faculté intellectuelle meilleure.

Et ce qu'il y a de de plus remarquable, c'est que dès que la compression physique occasionnée par son ancienne écriture eut disparu, le moral se rétablit en même temps ; l'assurance se manifesta, plus de crainte, ni de tristesse et l'esprit morose parti, la physionomie reprit son animation naturelle, en un mot une amélioration générale se manifesta dans le corps en même temps que dans le caractère et l'intelligence.

C'est ainsi que dans ce cas particulier l'écriture à cercle

succéda à l'écriture formée de lignes droites, la verticalité à l'inclinaison.

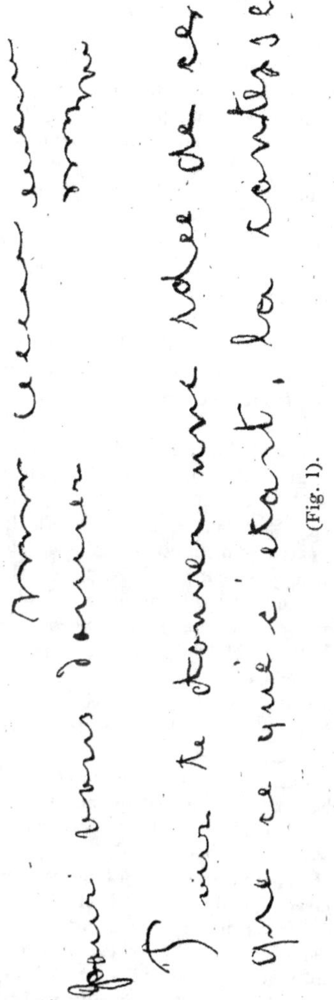

(Fig. 1).

C'est qu'évidemment nous avions à faire à une nature

calme, maîtresse d'elle-même, un peu passive, plus disposée à obéir à une impulsion qu'à prendre une initiative et a en accepter la responsabilité.

Cependant l'intelligence semble bonne, il s'agit de la mettre à jour dans ce véritable buisson d'épines.

Dès le n° 1 nous apercevons un peu de calme dans l'état nerveux, mais pour arriver à ce premier résultat nous voyons quelle force de réaction il faut mettre en mouvement, l'écriture se renverse, elle manque de sûreté, les lettres sont irrégulières ; le calme ne peut se faire complètement en quelques jours et il nous faudra un certain temps pour y arriver.

Sur le haut de l'autographe nous donnons quelques essais des sinusoïdes, exemples de l'entraînement auquel est soumis le sujet, qui chaque jour commence ses devoirs, d'abord par quelques pages puis et successivement seulement par quelques lignes d'exercice.

Cet écrit n° 1 est du commencement de juillet, peu de jours après le n° 0 qui était de l'écriture avant toute médication ; on peut bien appeler ainsi ce travail qui produit un effet physiologique et thérapeutique en même temps que psychologique.

Deux mois plus tard, fin août, nous avons le n° 2. Avec le traitement graphothérapique, se greffe une cure d'air dans la montagne et l'effet se fait vivement sentir, puisque les deux procédés agissant dans le même sens s'additionnent ; la sensation de calme se manifeste de plus en plus, les nerfs sont presque complètement dominés, les courbes commencent à être harmonique. Cependant les majuscules pèchent encore dans leurs formes comme nous le voyons aux lettres P et M dans le n° 3, qui est de peu de jours après, l'état est le même et nous trouvons encore l'écriture renversée, ce qui prouve que la lutte contre la nervosité existe encore. Nous la retrouverons du reste pendant toute la première période.

Mais la maîtrise est puissante, elle commence à n'avoir plus d'hésitation, elle a emporté la position et n'y a déjà plus à craindre un retour offensif aux anciens errements, la forme est plus homogène, l'égalité se fait dans la hauteur du corps des lettres et la proportion des hampes est heureuse, les barres de t sont encore un peu lancées à droite, laissant voir des mouvements d'impatience et d'emportement, bientôt nous les verrons disparaître à leur tour.

Avec le n° 4, la cure d'air est achevée ; les travaux classiques ont recommencé et nous avons la déclaration du sujet lui-même qui manifeste son contentement en disant : « Je

trouve que cette page est mieux écrite que celles de Gérard-
mer, ça me fait plaisir ».

Il a lieu en effet d'être content, l'amélioration est sensible,
sans même avoir besoin de remonter à la *fig.* 0, l'écriture est
très nette, bien lisible, le blanc circule entre les lignes, l'in

(Fig. 2).

(Fig. 3).

telligence est absolument lucide, la compréhension est peut-
être un peu lente, mais elle est grande et claire, le cerveau
s'est affirmé observateur, raisonneur avec pondération, mais
il manque d'intuition. Cet état doit-il être maintenu ou modifié? Nous n'avons pas à créer un état intellectuel s'il n'existe
pas, nous ne pouvons que chercher à le développer s'il est à

l'état latent et alors nous pouvons être assuré que nous le verrons apparaître bientôt ; si le cerveau est capable d'idées personnelles, l'intuition se fera jour d'elle même et nous n'aurons qu'à aider à son essor et à son expansion en encourageant les brisures entre les lettres.

Le mieux se maintient avec progression dans le n° 5, mais sans modifications notables.

(Fig. 4).

(Fig. 5).

Nous sommes à la fin de l'année, et six mois environ se sont écoulés depuis le commencement de l'épreuve. L'écriture est toute différente de la première, mais néanmoins elle est restée ce qu'elle s'est affirmée dès le premier jour, c'est donc bien l'écriture normale qui convient à ce jeune homme.

Un autre caractère, armé d'autres facultés, nous aurait produit une autre écriture, en rapport avec ses instincts.

Nous ne continuerons pas à donner de nouveaux exemples et nous laisserons un certain temps se passer, deux ans environ et nous aurons le n° 6, cette fois l'écriture est définitive, la lutte n'existe plus, elle a repris la pente normale et nous y remarquons un mélange bien proportionné d'intuition et de déduction.

La forme des lettres commence à devenir élégante, comme dans la lettre *I* qui commence l'autographe, il y a peut-être un peu de bizarrerie dans les jambages inférieurs de l'*y* et du *g*, mais cela se fera petit à petit.

Nous avons maintenant obtenu un état tout à fait supérieur, à tous les points de vue, un développement complet de toutes les facultés inhérentes à cet être, qu'il ne s'agit plus maintenant que de cultiver ; c'est un vrai jardin, au moment où toutes les plantes sont sorties de terre, il faut les laisser grandir en les surveillant seulement et en les empêchant de dévier de leur but et de leur direction.

(Fig. 6).

En même temps que l'état moral et intellectuel s'est développé, l'état physique s'est amélioré ; le jeune homme est mieux portant, il n'a plus les agacements anciens, les nerfs sont calmés, son assurance s'est affermie, donc plus de crises nerveuses ; il est calme, posé et chez lui tout se ressent de cette satisfaction physique qui a amené avec elle le repos du corps. Celui-ci se développe maintenant normalement et sans fatigue, le regard est franc et ouvert, il n'est plus gêné et en dessous, comme il l'était lorsque nous l'avons connu, il est dans la bonne voie et nous avons tout lieu de penser qu'il s'y maintiendra et que nous le verrons prendre une place prépondérante dans la carrière où il se lancera.

Nous n'avons pas la prétention de créer des facultés nouvelles, et certes d'un enfant qui serait né artiste ou poète d'en faire un calculateur et un savant, s'il n'a pas le germe qui le destine à cela ; rien ne pourra défaire ce que la nature a créé et le remplacer par autre chose de tout différent, mais par notre procédé nous étudions les facultés qui existent et qui resteraient peut-être enfermées pour toujours, nous les faisons apparaître et les développons.

Ce travail ne peut, bien entendu, se faire en l'espace de quelques jours, car en brusquant l'éclosion d'une force, on risquerait ou bien de se tromper et de prendre une apparence pour une réalité, ou d'en développer une au détriment du reste.

Un enfant est une mine de forces psychiques, de laquelle il faut extraire petit à petit les richesses qui s'y trouvent accumulées, mais sans vouloir tirer le tout d'une seule fois.

La force morale et même la force physique sont limitées chez l'enfant et l'abus amènerait vite l'usure de ses capacités : il faut donc laisser se remplacer ce que l'on prend et se contenter de développer ce qui existe.

Peut-être, peut-on essayer un peu plus et déterminer des facultés tellement rudimentaires qu'elles ne se montreraient jamais d'elles-mêmes, mais ce sont là des cas particuliers.

Notre nature se modifie tous les jours et il arrive souvent qu'adulte, une aptitude se déclare soudain, dont on ne soupçonnait nullement l'existence avant. Devons-nous admettre que c'est là une création nouvelle ? Nous ne le croyons pas, nous supposons plutôt que des circonstances nouvelles se sont créées, qui ont atténué certaines parties de cet être et ont permis à d'autres de croître, lorsqu'elles n'ont plus eu d'obstacle à leur développement.

Nous avons donné ainsi un procédé nouveau d'éducation, nous n'osons pas espérer que la graphothérapie sera mise en pratique d'une manière absolue. Il faut une mère dévouée et intelligente qui apporte presque journellement ses soins à la surveillance de ses enfants ; mais nous sommes persuadé que sa connaissance peut dans bien des cas être d'un grand secours et éviter bien des malentendus regrettables.

Pierre Varinard des Cotes.

MODIFICATIONS

La question de connaître si l'écriture peut être modifiée
par le milieu, c'est-à-dire par une cause étrangère au scripteur lui-même, me paraît avoir déjà reçu une partie de sa solution au chapitre « Écriture et pathologie ».

La maladie est, en effet, un état provenant d'une cause
étrangère au sujet qui en est atteint; la folie, la neurasthénie,
l'ataxie, l'hypocondrie, les troubles nerveux cardiaques ne
sont pas l'organisme lui-même, mais des modifications l'ayant
atteint et résultant de causes extérieures.

Telle est, du moins, la théorie de la savante école d'anti-
sepsie qui commence à Raspail, passe par les Pastoriens
pour finir à Metchnikoff, qui fait intervenir la cause extérieure
non seulement, comme ses devanciers, dans la production de
la maladie accidentelle, mais dans celle de la vieillesse qui,
jusqu'à présent, faisait partie de la statique normale. Metchnikoff, pensant autrement, dit pouvoir supprimer la vieillesse en faisant disparaître les causes extérieures qui la produisent.

Ne rions pas trop vite. La théorie de la phagocytose —
traitée jadis de lubie scientifique et aujourd'hui victorieuse-
ment prouvée par l'argument irréfutable du microscope —
donne parfaitement créance à l'espoir de Metchnikoff.

Or tous les accidents précités — folie, hypocondrie, nervosisme et vieillesse — sont révélés par l'écriture — au moins
dans leur diagnostic général, et puisque l'on admet que ce
sont des causes extérieures, peut-on dire que celles qui at-
teignent le scripteur, *sans le rendre malade*, sont également
susceptibles d'être dénoncées par le graphisme ?

Peut-on dire, par exemple: ce sujet vit dans un milieu hos-
tile, affectueux? Est-il isolé? Évolue-t-il, au contraire, en un milieu très-dense ? Et lequel? Quel est le dérivatif de sa somme

d'énergie — autrement dit, quelle est sa carrière ou son métier ? L'une ou l'autre répond-il à ses aptitudes ou contrarie-t-il ses goûts ?

En un mot peut-on déterminer le milieu du scripteur et la la suggestion qu'il en subit ?

On est un peu tenté — et ce n'est pas tout à fait à tort — de crier à l'empirisme lorsqu'un graphologue — amateur ou professionnel — s'écartant de la méthode que tout groupe studieux cherche naturellement à s'imposer à lui-même, énonce un aperçu hors cadre.

Cependant, bien que la graphologie ne soit plus une science hypothétique, elle renferme — par cela même qu'elle est science, c'est-à-dire cercle ouvert — un certain nombre d'hypothèses qui n'ont pas encore été transportées dans le champ de la preuve.

Il serait donc peut-être intéressant de ne jamais crier haro sur le nouveau — quelque étranger à l'ancien qu'il soit ou paraisse être.

Ceci m'est suggéré par le peu d'enthousiasme qu'a suscité, à une séance, l'observation d'une correspondante de notre distinguée collègue, madame de Salberg.

Au cours d'une esquisse graphologique — d'ailleurs inexacte en certains points — cette observatrice dit ceci :

« Le scripteur habite dans un milieu affectueux ».

On a souri de cette levée de piste — mais on a ri, aussi, de Galilée disant que la terre tournait, alors qu'il est si facile, n'est-ce pas, de constater qu'elle reste tranquille ! On a ri de Papin étudiant la force expansive de la vapeur avec le couvercle d'une marmite ; de Brandt faisant évaporer de l'urine et découvrant le phosphore qui devait précipiter la science dans une course vertigineuse. Car du Paradis terrestre à 1840, nous en restâmes à la production du feu par le frottement et le briquet, tandis que des allumettes chimiques à la lumière froide, nous avons mis juste soixante ans. On a bien ri aussi de Sauvage inventant l'hélice. C'était si drôle cette prétention de marcher dans l'eau ! On peut donc sourire d'un graphologue sans le fâcher, étant considérée l'illustre compagnie dans laquelle on le range.

Pour excuser les rieurs — ou mieux, pour les expliquer, disons que l'observation ainsi accueillie avait ce grand tort, étant neuve, de se présenter sans indication de provenance. Elle entrait dans le cénacle graphologique, à la façon d'une charrette dans une église. Quand on avance une opinion, on doit l'accompagner de ce qui la motive.

Malgré cette omission, cependant, la thèse contenue dans ces mots : « Le scripteur habite dans un milieu affectueux » n'est point de celles auxquelles on doive refuser l'examen.

Pour ma part, il y a longtemps que le milieu des nombreux amis inconnus qui me font l'honneur de m'écrire m'apparaît — non pas toujours — mais assez souvent.

Ainsi j'aurais conclu comme la correspondante de Madame de Salberg.

Il s'agissait du second spécimen graphologique proposé au concours trimestriel d'esquisses et commençant par ces mots : « Ma chère Alice ».

Si j'avais eu à faire cette esquisse, j'aurais dit ceci :

Orgueil, tristesse, jalousie affectueuse. — Orgueil : signes techniques apparents ; tristesse : écriture plus haute que large et signée, déjà, par l'orgueil. Lorsque l'orgueil est satisfait, il ne monte pas, il s'étale comme le fait une plante dont les rameaux s'élèvent grêles et serrés jusqu'à ce qu'elle ait trouvé la lumière et qui prend de la surface lorsqu'elle l'a rencontrée.

L'orgueil satisfait — si mes observations sont justes — donne l'écriture « assise » ; l'orgueil en inquiétude donne l'écriture « debout ».

Jalousie affectueuse : observation basée sur ce point que l'écriture me paraît grasse, un peu lourde, mais non basse ni écrasée. Elle apparaît donc sensuelle, mais avec élévation du but convoité. Ceci me fait croire qu'en telle nature, le désir de possession matérielle s'est mué en désir de possession morale — or, la forme commençante de la possession morale est la jalousie.

Ayant donc — à tort ou à raison — trouvé ceci : orgueil, tristesse et jalousie affectueuse, j'aurais, naturellement, conclu au pessimisme, à la malveillance au moins latente, c'est-à-dire au désenchantement, si je n'avais aperçu quelques signes non équivoques de bienveillance. De cette constatation inattendue, formant barrière à la résultante normale, je conclus que l'orgueil est respecté, la tristesse bercée, la jalousie ménagée par le milieu prochain où vit le scripteur. Il est entouré — non point d'ardents et de volontaires comme lui — ce qui mettrait en oscillations et en révolte son orgueil déclassé par la souffrance — mais de bonté et de tendresse. Donc, le milieu est affectueux.

J'ai un autre spécimen — bel échantillon de volonté omnipotente et entêtée.

Avec un pareil respect de sa propre opinion, on est toujours content — ou on devrait l'être — les desiderata des autres gênant peu.

En effet, l'écriture court large, épanouie, conquérante. Je vais conclure non pas au rayonnant, mais au triomphant — ce qui n'est pas la même chose. Mais j'aperçois un signe non équivoque de tristesse portant précisément sur l'un des signes techniques de la volonté, les barres des *t* : elles sont convexes.

J'en augure que le scripteur est sous pression ; qu'il est en « servitude » — chose horrifiante pour lui, ce qui produit une tristesse aigrie, non résignée.

Renseignements pris, c'est l'écriture d'une personne obligée, par des revers de fortune, d'accepter une situation subalterne en milieu autoritaire, mesquin et détesté.

Une autre fois, je vis arriver une écriture que j'appelle « bouche ouverte ».

Toutes les boucles non fermées laissaient échapper la pensée et la confiance. Cependant, en plusieurs endroits de la lettre, la plume scrupuleuse était revenue, après coup, fermer quelques-unes de ces ouvertures et un point prudent arrêtait une signature fort simple et sans paraphe.

La prédominance était aux signes de nature « en dehors ». D'où venaient donc ces « morceaux » de prudence, rapportés, en mosaïque, lourde sur la trame transparente du fond.

Voici, me dis-je, une jeune tête à l'évent, cœur sur la main et main ouverte. Mais les gens qui l'entourent doivent terriblement la gêner, car ils ne lui ressemblent pas et pèsent sur elle. La force de leur volonté ou celle de leur nombre finira par transformer cette nature : le travail de modification est déjà commencé.

C'était une charmante petite fille, oiseau babillard d'un gai foyer, qui venait d'entrer dans la vie religieuse.

Je ne citerai pas toutes les expériences que j'ai faites à ce sujet. Ce que je cherche, en ce moment, c'est moins à convaincre mes collègues du bien fondé de cette thèse qu'à orienter les investigations sur un point qui nous paraît à tous très intéressant, puisqu'il touche à la graphologie psychologique.

Ne pourrait-on — sans d'ailleurs s'en tenir là, les formules

Ma chère Alice,

je trouve ta lettre en rentrant de promenade.

Je ne veux pas tarder plus longtemps à te féliciter ; — non pas de ce que tu te maries (chose assez banale), mais de ce que tu te maries selon ton cœur et aussi selon ton esprit.

Sais-tu que je me réjouis d'avoir l'occasion de te revoir en passant une fois ou l'autre à Paris. — Tu as de la chance de rester ainsi à proximité de Rouen.

d'action dépendant du tempérament de chacun — ne pourrait-on chercher dans le sens suivant :

1° Étant donnés un ou plusieurs signes — précis ou diffus. — semblant ne pas sortir des dominantes ni se brancher sur les résultantes, est-on autorisé à soupçonner que ces contrastes proviennent des antagonismes du milieu et peut-on par conséquent *profiler* ce dernier ?

2° Étant donnée, au contraire, une harmonie complète entre les signes graphiques et la normalité du type qu'ils décrivent, est-on autorisé à soupçonner que l'harmonie du milieu est pour quelque chose dans cet accord et peut-on, par conséquent, *profiler* ce milieu ?

G. DE BEAUCHAMP.

Des Écritures artificielles ou anonymes

Afin de me procurer des matériaux, j'ai fait en France et en Russie un appel, demandant que chacun m'envoyât cinq lignes de son écriture habituelle, qu'il y joignît le même texte écrit de sa plus belle calligraphie, et qu'il complétât la série par un ou plusieurs faux.

Telles ont été les bases de cette étude qui m'ont ouvert des horizons nouveaux sur la fabrication, la portée et l'expertise des faux. Si j'y fais aussi entrer la calligraphie, en dépit du programme qui l'exclut, c'est que je préfère m'en tenir à l'esprit et non à la lettre du règlement. Évidemment, la calligrapgie individuelle offre, elle aussi, des indications précieuses sur son auteur.

Rendons-nous compte, avant toutes choses, des composants que comporte la calligraphie subjective des adultes. Sa confection comprend deux facteurs : l'intention de s'en tenir à la forme primitive, officiellement imposée, et, pour y réussir, un effort de contention qu'il n'est pas donné à tout le monde de réaliser au même degré. Or, ce retour sur soi-même, allié à la maîtrise de soi, constitue, à l'insu du scripteur, le premier échelon de l'écriture artificielle, suggestif à maints égards. Car, quel que soit le désir de se borner aux formes de rigueur, la personnalité perce malgré elle dans toute calligraphie, plus ou moins individualisée. Aussi le premier résultat de mes recherches sera-t-il un avis aux professionnels d'exiger toujours, pour une analyse fouillée, quelques lignes d'écriture appliquée, en dehors du tracé spontané obligatoire.

C'est que le graphisme soigné de plusieurs correspondants a été bien plus révélateur que leurs faux cousus de fils blancs. Établissons, avant tout, qu'il y a calligraphie et calligraphie. Il est bien entendu que je ne vise pas aux professeurs d'écriture ni aux copistes illettrés qui s'en donnent à cœur joie de volutes et de fioritures.

Mais l'homme cultivé, obligé par sa profession de comptable ou de fonctionnaire à soigner son graphisme, se passera fort bien de ces complications peu esthétiques. Mettons que le scripteur soit un personnage de fond, sérieux et rangé, il cultivera la calligraphie la plus sobre, dénotant ainsi ses goûts d'ordre, de soin, d'exactitude, qui tous, se refléteront de même dans sa facture habituelle, avec la spontanéité en plus. Restreignons, par contre, une individualité tout aussi cultivée, mais fort éprise de sa personne, à la calligraphie; aussitôt les volutes, accusant la suffisance, naîtront sous sa plume. Mais elles auront encore leur cachet particulier, plutôt gracieux que vulgaire, alors que la calligraphie d'un homme peu distingué trahira toujours la défectuosité du sens esthétique par son manque d'eurythmie.

Tandis qu'un homme énergique se bornera à appuyer ses pleins, un sensualiste renflera démesurément ses jambages, à moins que, tout à fait enlisé dans la matière, il n'empâte son graphisme, l'agrémentant en outre de têtes noires significatives.

Ce moi possessif s'étalera avec complaisance, traduit par les énergiques crochets sinistrogyres. Et le sens du moi sous sa forme démonstrative nous choquera par les signes de morgue et de fatuité.

Par rapport au degré de vulgarité et d'amour-propre, révélé par la calligraphie des gens prétentieux, il est intéressant de constater la métamorphose rétrograde dont sont affectées les majuscules typographiques. Elles se font fioriturées, attestant ainsi une évolution antérieure de la complaisance en soi, qui n'en est pas moins vive, pour avoir passé du stage juvénile de la vanité naïve à une pose plus sobre et de meilleur goût.

Aussi, cette transformation justifie-t-elle pleinement la concomitance de « pose », attribuée aux lettres typographiques, en dehors de leur taxation principale, comme signes de goût et de culture.

Voilà pour le revers du caractère. En revanche on pourra inférer la perfectibilité du tracé calligraphique par la prédominance des courbes dextrogyres. Une tendance sinistrogyre prononcée trahira souvent un esprit originellement conservateur, la prédominance du mouvement centripète traduisant et la personnalité, et l'activité plutôt statique que dynamogéniée, qui redoute les voies nouvelles.

— J'ai pu observer encore que l'homme loyal et expansif accuse parfois, dans son tracé appliqué, un retour instinctif à la sincérité naïve de l'enfance, par les lettres ouvertes, jointes aux mots grossissants.

Le propre de cette calligraphie de commande étant la contention imposée, elle nous renseigne à merveille sur le degré de maîtrise de soi réalisable par le scripteur, et sur sa facilité à renier son impressionnabilité et à refouler sa sensibilité.

— Que conclure encore de l'aisance avec laquelle un écrivain, ni fonctionnaire, ni comptable, revêt un tracé appliqué sentant le modèle scriptural scolaire?

Généralement, cette facilité à revenir aux formes non individualisées indique une personnalité moins tranchée, asservie surtout à la routine mondaine, sans velléités d'indépendance. Moins il y aura de distance frappante entre l'écriture habituelle et l'appliquée, et moins celle-ci comportera d'effort. Tel graphisme de mondain, absolument factisé, doit d'emblée être taxé d'écriture artificielle, voulue; de là à la calligraphie proprement dite il n'y a qu'un pas.

Il y a lieu d'expliquer de différentes manières la difficulté que certaines personnes éprouvent à calligraphier. Un graphisme appliqué, péniblement confectionné, atteste souvent un manque de souplesse : son auteur voudra vivre à sa guise et mourir de sa belle mort.

L'homme très supérieur, le grand intellectuel, aura de la peine à revenir en arrière au modèle scolaire, en vertu même de l'idéation rapide qui talonne sa plume. Car la calligraphie implique aussi le renoncement aux signes de culture. Pour la réussir, il faudrait qu'il répudiât ces simplifications sobres et précieuses, nées de la précision même de sa pensée. Imparfaitement abandonnées, ces modifications scripturales imprimeront un cachet tout particulier à la calligraphie des supérieurs. Infliger une stricte calligraphie à un homme de valeur, c'est le forcer à endosser sa défroque d'écolier.

Il y a exception à cette règle : le fait d'être artiste ou homme de lettres, adorateur de la forme pure qui souvent fait abstraction du fond, comporte parfois des aptitudes à une calligraphie esthétique, équivalant à un dessin plus ou

Autographe d'un homme supérieur (p. 128).

Der﹢grösste﹢künstgenüss﹢
für﹢mich﹢ist﹢eine﹢des﹢

Écriture calligraphique du moyen âge (p. 130).

moins joli. Dumas s'y amusait parfois, dit-on. Bon nombre des missels et bréviaires du moyen âge rentrent dans cette catégorie.

En graphologie, il est admis que la calligraphie, ainsi que l'écriture appliquée qui en approche, représente l'insaisissabilité. Le graphologue se bute alors — et souvent en pure perte — à la dissimulation polie, — aux semblants de convention. Il se peut même que ce genre de graphisme, contenu et impassible, cumule les exigences d'un masque impénétrable.

J'espère avoir démontré le profit qu'il y a à retirer de ce filon considéré à tort comme quantité négligeable, ayant bien prouvé ce que la calligraphie subjective des adultes, réputée lettre close, peut offrir de suggestif, si on la confronte avec l'écriture spontanée.

Passons aux *Faux proprement dits* qui se peuvent diviser en :

A. Faux imités.

B. Faux fabriqués indépendamment et

C. Faux spontanés qui embrassent les faux par autosuggestion médiumique.

D. Faux de la main gauche et écriture au miroir.

A. Faux imités.

Ces faux, qui tendent à reproduire fidèlement un graphisme étrange, constituent la majeure partie des lettres anonymes, des testaments substitués, des lettres de change forgées.

Dans un article curieux : « Peut-on fabriquer de faux documents ? » (*Graphologie* 1898, p. 50) M. Depoin, notre très sympathique président, a démontré, de façon indiscutable que, la photographie aidant, on peut forger des faux qu'on jugerait être authentiques. Il avait pris à partie deux autographes, dont l'un lié et l'autre très juxtaposé. En coupant et en calquant les mots et les syllabes d'un document authentique, il avait fabriqué deux manuscrits fort sortables déjà, dont les incohérences légères disparaissent par le clichage. En raison des difficultés qu'offre la jonction des mots et des syllabes, l'écriture liée était bien moins réussie.

Par contre, mon graphisme très juxtaposé s'y prêtait à merveille, et, n'eût été le grandissement d'un quart, fait ex-

*Notre été hyperboréen
dure si peu : il faut se hâter d'en jouir.
Salut et confraternité !*

Isabelle Ungern-Sternberg

A. Autographe de Mme Ungern-Sternberg.

B. **Faux obtenu par le clichage** (p. 130).

près, et l'omission d'une barre de *t* à ma signature abrégée, moi-même je m'y laissais prendre.

Cette démonstration judicieuse à l'adresse de l'expertise judiciaire est bien de nature à mettre les graphologues en garde contre les documents reproduits par le clichage. Il incombe alors à l'expert de réclamer les documents originaux.

Félicitons-nous de ce que les faussaires de moindre envergure, ignorants de la photographie, et qui tiennent à ne pas avoir de complices, soient obligés de s'en tenir à la main d'œuvre.

Moyens d'expertise.

C'est l'incohérence, le manque de fermeté, l'hésitation et les négligences, survenus dans un faux par imitation, qui concourent à le rendre suspect. Il est encore telles simplifications, caractéristiques originales, idiotismes scripturaux, fort malaisés à reproduire. Un organisme autrement constitué, une individualité moins cultivée, répugne à leur confection : c'est à contre-cœur et à contre-main qu'elle les fabrique, hors un cas bien rare, les aptitudes artistiques, qui constituent le faussaire éminent, passé maître dans son genre.

Henze, auteur de la « Chirogrammatomancie », se vantait de faire métier de Protée. Actuellement, je ne connais que Hans Busse, initiateur et chef de la Société de graphologie de Munich, pour lui faire pendant. C'est qu'il est poète lyrique, sculpteur et acteur, trois manifestations du sens de la forme qui toutes concourent à ce don éminent du dessin graphique. Si cet effort se soutient pour un certain laps de temps, c'est un homme formidable.

Heureusement, cette aptitude est rare, et ne saurait tirer à conséquence chez nous autres graphologues, tous gens de bien.

Les plus érudits et les plus fins se sont laissé duper par la maëstria superbe des falsificateurs. A Berlin et à Paris, (rappelez-vous la déconvenue de Philarète Chasles), les amateurs d'autographes, membres de l'Institut, ont donné dans ce panneau tragicomique, illustré et ironisé par Alphonse Daudet dans son « Immortel ».

Puis, en fin de compte, les manœuvres des faussaires ont été révélées, soit par le papier, porteur d'une autre marque, soit par l'encre, dont l'analyse chimique et la photographie prouvèrent une provenance postérieure au document.

B. Faux fabriqués indépendamment.

Il importe d'abord de distinguer parmi leurs auteurs les graphologues des non graphologues. Le non graphologue s'efforcera communément de changer l'aspect général de son écriture.

A cet effet, il la redresse, la renverse, l'agrandit, la repetisse, la penche, appuie plus ou moins, y sème des patés, des fioritures, sans arriver à grand'chose. Rarement il parvient à prêter une physionomie naturelle, un tracé coordonné à sa facture. Car toute écriture, langue écrite, représentative du langage parlé, constitue un organisme dans lequel tout se tient, tout s'enchaîne. Je me fonde là-dessus pour soutenir qu'un faussaire n'arrive pas souvent à tromper la clairvoyance d'un expert qui sait tirer parti des données de la caractérologie. A supposer que la plume ne rate pas d'emblée les traits peu homogènes à l'individualité du faussaire, ils n'en détonneront pas moins sur l'ensemble du graphisme par leur air arbitraire. Une écriture qui n'est pas vécue, ne saurait couler de source.

Un profane croirait les graphologues armés de toutes pièces, logés à la bonne enseigne pour fabriquer un graphisme constellé de vertus ou émaillé de vices. Il n'a qu'à revenir de cette supposition : en connaissance de cause, je puis affirmer que souvent les meilleures graphologues font les plus piteux faussaires.

Certes, tout graphologue opérera autrement que le faussaire profane qui se borne à vouloir changer l'apparence de son tracé ; ses visées, partant d'un point de vue diamétralement opposé, tendront à faire ressortir de son faux un caractère nettement différencié de celui qui lui est propre.

A ma main juxta-posée, montante, espacée, je tâchai d'en substituer une absolument dissemblable, c'est-à-dire, liée, tombante, serrée, arborant les semblants d'un logicien mélancolique, quinteux et avare. Je me donnai toute la première une note détestable d'insuffisance, l'intention bien évidente de déguiser mon individualité ressortant seule de cette facture maladroite.

Par contre, un éminent confrère, dont l'harmonique écriture est liée, délicate, dextrogyre, disjoint ses lettres, appuie énormément, multipliant et exagérant à souhait les formes sinistrogyres. Peine perdue, tout cela n'est pas spontané : il en résulte une incohérence, une gêne bien propres à mettre aussitôt l'observateur sur le qui-vive.

Donc, je n'ai constaté de réussite plénière nulle part, sauf pour les genres dont la marque réside dans l'incohérence même. En mettant un gant un peu juste, on peut feindre l'ataxie et revêtir avec assez de naturel la physionomie d'un paralytique, d'un ivrogne ou d'un maniaque. Le tremblotement régulier, attribut caractéristique de la caducité sénile, n'est pas d'une facture malaisée non plus.

Toutefois, il est difficile de fausser simultanément la forme scripturale ainsi que ses tendances dextrogyres ou sinistrogyres. Dès lors, ce ne sera plus un ivrogne, maniaque ou vieillard quelconque, mais bien le faussaire lui-même, en proie à la folie, l'ivrognerie ou la caducité. Et la personnalité du scripteur ne sera pas suffisamment déguisée.

Une catégorie à part est représentée par les faux en caractères typographiques; masque quasi impénétrable et qui n'a que le tort de souligner d'emblée les visées louches de son auteur. On s'en est servi à Berlin dans le cas du baron Kotze, maître de cérémonies à la cour de Prusse, qui fut arrêté par ordre immédiat de Guillaume II pour un papier brouillard ramassé à son club et portant les vestiges d'une lettre dessinée en caractères typographiques. Aussi ceux qui font profession de lettres anonymes ont-ils souvent recours à un autre manège qui n'exige qu'un peu de colle et pas mal de patience, pour découper les caractères imprimés d'un livre ou d'un journal. Ils sont bien avisés, puisqu'il a été constaté que la typécriture même s'individualise à mesure que la machine dont elle est le produit s'use d'une façon inégale, ce qui a pour effet de modifier considérablement le tracé de certaines lettres. Fait étrange et qui invite bien à la réflexion que la chose au monde la plus automatique ne laisse pas que de présenter une tendance à l'individualisation.

C. Faux spontanés.

J'entends par cette dénomination les modifications arbitraires du graphisme habituel, si bien différenciées, forgées avec une aisance telle, qu'elles ne sauraient suggérer l'idée d'un travestissement voulu. Ils forment un contraste frappant avec la catégorie ci-dessus analysée, dont le propre est de représenter un dessin scrupuleux, exécuté avec plus ou moins de perfection.

Graphologiquement parlant, ce sont là, et de beaucoup, les faux les plus intéressants, seuls capables d'égarer notre jugement au sujet des individualités imaginatives, versatiles ou bien nerveuses dont elles émanent. Un spécimen unique de ces écritures ne laisse entrevoir qu'une des virtualités de ces personnalités à plusieurs facettes : leurs souples auteurs possèdent un genre de graphisme qu'on pourrait qualifier de « polymorphe ».

Pas moyen de les taxer dans la vie au premier abord, tant ces gens-là se ressemblent peu, du jour au lendemain.

On peut classer ces faux en quatre subdivisions :

Faux par contention.

— par expansion.

— par exaltation.

— par autosuggestion.

A cet égard, mon appel m'a fourni des documents vraiment précieux sous le rapport psychologique. A l'insu des scripteurs, leurs faux ne constituaient que des modalités différentes du graphisme habituel, dont le tracé, soit plus négligé, soit plus contenu, ne laissait à découvert qu'une face de leur personnalité complexe.

A. C'est ainsi qu'une femme fort sympathique, dont l'écriture mouvementée et espacée disait si bien le laisser aller chaleureux de son intimité, me livra à titre de premier faux un graphisme serré, sobre, peu incliné, traduisant la grande réserve dont elle était capable à l'occasion.

Un second faux, vertical et rigide, porteur d'un alignement de chiffres, faisait foi d'un sang-froid peu commun, m'avertissant au surplus qu'elle n'entendait pas raillerie sur le chapitre de la dépense. Cette même personne doit présenter trois variantes de caractère bien tranchées dans l'intimité, dans le monde et pour les affaires, toutes trois s'expliquant par la lucidité d'esprit également accusée dans ces trois modalités de l'Écriture. La circonspection lui permet d'adapter ses façons d'agir aux milieux et aux circonstances.

B. Les faux par expansion appartiennent à ceux qui, d'ordinaire, affectent pour écrire une tenue verticale ou renversée, traduction fidèle d'un maintien composé.

Un graphologue de mes amis échangea son écriture presque verticale contre un graphisme penché, charmant d'expansion, de naturel et de simplicité. Ne s'avisant point de rien changer aux formes scripturales, il affirma par là sa nature foncièrement loyale et constante, de même qu'une âme originellement aimante, bien cachée sous un vernis de con-

A B. — Écriture d'une petite bourgeoise (p. 150).
C D. — Écriture d'un banquier (p. 141).

vention. Du coup s'esquissaient des perspectives de dévouement et d'enthousiasme qu'on n'eût pu déduire du graphisme habituel.

Une observation curieuse, et dont la caractérologie pourra tenir compte, c'est que là où le maniérisme a pris fortement racine dans une âme féminine, il en coûte à celle-ci de revenir à une tournure simple et naturelle d'allures et de graphisme. Témoin une jeune fille posant pour l'esprit fort et l'insensibilité sentimentale, qui se donna toutes les peines du monde pour forger une écriture penchée et spontanée. Elle échoua aussi complètement que si elle se fût efforcée de retourner au naturel qu'elle avait chassé depuis trop longtemps pour qu'il répondît au premier appel qui n'était pas un cri du cœur.

Certes, les faux par expansion et ne déguisant pas l'individualité en tant que forme graphique, sont bien révélateurs des dessous du caractère. Ainsi une petite bourgeoise au tracé mesquin, renfermé et conventionnel, réussit du premier coup l'écriture gladiolée et sinueuse d'une intrigante de petite envergure. Elle n'avait qu'à se laisser aller à tous ses instincts de dissimulation et de cachoterie : aussi, au lieu de voiler son amour du mensonge, se livra-t-elle, mettant à nu les bas-fonds de son âme.

Tel banquier, enfin, en possession d'un tracé plutôt lent, n'accusait que dans sa falsification toutes les cordes qu'il avait à son arc, savoir : une grande activité, jointe à une finesse et une sensibilité considérables. A part les conséquences qu'on pouvait inférer des points, accents et barres de *t* projetés en avant, l'écriture habituelle permettait, tout au plus, de conclure à un homme d'affaires vif, mais capable de composer son maintien à l'instar de son graphisme.

Très instructive, encore, une autre induction tirée du rôle revêtu ici par la nécessité d'agir promptement, impulsion puissante, stimulant et aiguisant la sensibilité de l'esprit au point de développer la finesse que rien ne trahissait dans l'écriture ordinaire, si ce n'est le gladiolement de la signature. Sous les poussées de l'activité, cette dominante avait envahi tout le corps du graphisme, justifiant ainsi le renom d'habileté loyale dont jouissait le scripteur.

Écritures d'une jeune femme :

1. Naturelle ;
2. Calligraphique ;
3. Passionnée ;
4. Exaltée.

C. *Faux par exaltation.*

Qui serait assez téméraire pour vouloir pronostiquer toutes les modalités d'une personnalité qui abrite ses tendances sous les dehors d'un graphisme dominé !

C'est encore en s'évertuant à fabriquer des faux que quelques-uns ont mis à découvert le feu qui couvait sous la cendre. Deux jeunes femmes, issues de par leur mère d'une famille de détraqués, ont trahi la névrose qui les guette par des faux absolument échevelés. L'empire sédatif de l'atmosphère ambiante ne m'eût guère fait soupçonner chez elles l'hérédité funeste (neurasthénie déjà parvenue à un état aigu, mélancolie et délire de persécution chez d'autres membres de la même famille).

Ici, la stabilité même des formes graphiques s'annihilait jusqu'à un certain degré sous les pressions de l'imagination à laquelle on avait rendu la bride ; l'ardeur et la surexcitation aidant, ces deux sujets liaient encore les lettres disjointes pour la plupart dans le graphisme habituel. (Ce qui prouverait de rechef que l'écriture liée sert mieux l'activité que ne le fait la juxtaposée). Il va de soi que ces mêmes personnes souples, versatiles, imaginatives, sont sujettes à la suggestion. Absolument ignorantes de la graphologie, elles n'en confectionnaient pas moins une écriture rendant à la perfection les caractéristiques de la colère : l'ampleur des panses, la surélévation des majuscules, les angles aigus substitués aux courbes, les crachats de la plume dénotant la hâte et l'agitation ; — tout cela y était, de force à dérouter un graphologue peu perspicace. Toutefois, moyennant la persistance de certaines formes, un œil exercé eût bien été de force à ramener ce graphisme occasionnel à son point de départ.

La même expérience réussit pour la mélancolie : la déclivité des lignes inhibée, la suppression des signes de gaîté ne laissa pas de fausser l'expression, mais après tout, il n'y avait pas de distance plus grande entre ces deux états de conscience que celle de Jean qui rit à Jean qui pleure.

D. *Faux par autosuggestion.*

Je range dans cette catégorie les lettres soi-disant dictées à un médium en « transe » par un esprit astral. Il y a lieu de rappeler ici la dame reproduisant par suggestion hypnotique, non pas le graphisme individuel de Napoléon, baroque et illisible, mais un tracé rendant tant bien que mal la personnalité du « Grand Condottiere » par les qualités d'énergie d'ardeur, etc., que son imagination lui prêtait.

A Riga, m'assure-t-on, une dame reproduisait, pendant les séances spirites, l'écriture d'un oncle décédé récemment. Sachant combien les occultistes se contentent volontiers d'à peu près, criant au miracle pour un graphisme imparfaitement remémoré, je demandai les documents. On me remit l'écriture du défunt et le simili-graphisme du médium. Je vérifiai que la dictée astrale se bornait à reproduire les formes sautant aux yeux, les *a* droits, par exemple ; elle s'arrêtait aux courbes centrifuges qui distinguaient nettement la facture de l'oncle du graphisme centripète de la nièce.

Le prof. Flournoy, de Genève, a pleinement confirmé mes convictions par son livre « Des Indes à la planète Mars », étude sur un cas de somnambulisme avec glossolalie ; la reproduction des autographes divers du médium Hélène Smith nous facilite la comparaison de son écriture naturelle avec son graphisme médiumique. Ce dernier émanerait d'un ami désincarné, Léopold (alias Cagliostro ou Sivrouka, pour la durée de deux préexistences) : l'examen superficiel du non graphologue s'exagère leur dissemblance, mais, en y regardant de plus près, le tracé vertical et rigide de Léopold peut se ramener à une calligraphie subjective voulue, répudiant les simplifications, filles de l'activité manuelle et intellectuelle. Encore la signature « Léopold » n'est autre chose que le graphisme spontané d'Hélène, démesurément grossi et penché, trahissant en outre un emballement de bonne foi, par son grossissement. Inutile d'ajouter qu'entre ce produit de l'imagination subliminale d'Hélène et un autographe authentique de Joseph Balsamo, dit Cagliostro, il n'y a pas un grain d'analogie.

De tout le poids de son argumentation, la graphologie appuie les vues de Flournoy, déclarant l'écriture autosuggérée du célèbre thaumaturge sicilien n'être qu'une modalité de l'individualité dédoublée d'Hélène.

L'œuvre de Flournoy nous renseigne aussi sur un faux par imitation, singulier entre tous, puisqu'il a trait à un graphique indifférent entrevu par Hélène Smith à l'âge de 15 ans, et merveilleusement reproduit sur elle, actuellement âgée de trente ans, à l'état de « transe ».

Cela prouve que dans notre subconscience nous enregistrons et emmagasinons toutes nos impressions, même les plus subsidiaires, avec la fidélité de l'appareil photographique, — les inconscientes tout aussi bien et peut-être mieux que les conscientes.

RENSEIGNEMENTS PSYCHOLOGIQUES A TIRER DES FAUX SPONTANÉS.

Il est instructif à plus d'un titre d'étudier les modifications graphiques, subies par une qualité quelconque, dominante du caractère, dans ces variantes d'écriture. Mettons qu'il s'agisse de préciser les différents aspects revêtus par la sensualité au courant des métamorphoses graphiques, d'une individualité. En raison de ses concomitances fréquentes avec la vitalité, il n'est pas toujours aisé d'en déterminer l'intensité. Sur 9 variantes d'écriture d'un artiste de 24 ans, j'ai été à même de l'étudier sous toutes les faces : brutalité, sensualité, sensualisme et sentimentalité, à travers toutes les angles d'inclinaison.

Alors que l'écriture se renversait ou se redressait, elle était rendue par un graphisme très appuyé, avec les renflements caractéristiques de la vitalité juvénile, indice certain de l'effervescence du sang. A un angle de 45° (Écriture habituelle) se constatait déjà un certain empâtement, plus la persistance de renflements moins accusés. A un angle de 25° le sujet reproduisait le type de la sentimentalité sensuelle (écriture très peu appuyée, mais fort pâteuse, sans renflements aucuns). Rien de plus naturel, car dans un tracé vertical la pointe seule de la plume touchera le papier, tandis qu'elle l'ira frôlant proportionnellement à l'angle penché de plus en plus.

Des formes vulgaires naissaient sous la plume de l'écrivain avec la brutalité à froid, mise à nu par l'angle de 90° ; elles disaient sa capacité à se complaire dans le matérialisme, au rebours de l'état de conscience, attesté par l'inclinaison moyenne habituelle. Là, des traits gracieux et originaux faisaient foi d'un sentiment esthétique très vif, bien qu'un peu vague. Personnalité complexe, nature incline aux aspirations idéales, dont les faux avaient dévoilé les bas-fonds.

Les faux d'un jeune homme affligé de nervosisme, étaient instructifs en ce qu'ils mettaient au jour la brusque transformation d'un prince charmant en un mauvais coucheur. Les caprices et les velléités d'autoritarisme s'accusaient par les angles de plus en plus aigus, dont l'envahissement empiétait sur les courbes gracieuses, symbole de l'amabilité native que le calme lui conserve, tandis qu'il risque de le perdre par la tension des nerfs irrités.

Dans toutes ces falsifications, la versatilité nerveuse a beau jeu, indiquant le poids d'une hérédité dangereuse, à surveiller et à contrôler.

A B. — Ecriture d'un confrère (p. 146).

C D. — Ecriture d'un homme du monde (p. 147).

— Ces faux, gradations du nervosisme, eussent été malaisés à ramener à une seule individualité, sans les vestiges permanents de cette nervosité foncière, s'accusant même dans les copies écrites à main posée.

D. Faux de la main gauche et écriture au miroir.

A en croire un obligeant confrère, on pourrait déguiser son caractère tout au moins en écrivant de la main gauche. Mais il n'est pas arrivé à me convaincre : car en dépit du caractère ataxique et tremblé que la non coordination des muscles peu assouplis de la main gauche imprime au tracé heurté, descendant et incohérent, les formes scripturales idiotiques n'en persistent pas moins. D'ailleurs, pour la confection des testaments et lettres de change faussés, l'écriture de la main gauche n'a pas d'avantage pratique, étant donnée la grande difficulté d'imiter de cette façon les formes graphiques qu'on aurait de la peine à retracer de la main droite. — L'écriture dite au miroir, tracée également de la main gauche, mais au rebours, de droite à gauche, lisible quand elle est réfléchie par une glace, n'en impose à personne. Car la gauche reproduit automatiquement les formes que le cerveau dicte à la droite, — et le faussaire, une fois de plus, en est pour ses frais.

Conclusion

Si, en m'appuyant des documents fournis par mon appel, il me prenait fantaisie de composer un « indicateur pour faussaires » — en voici, à peu de chose près, le sommaire.

On anéantit son individualité moyennant la typécriture et le graphisme typographique, soulignant toutefois, par le fait d'adopter un masque, ses intentions équivoques.

Rien de tel pour mystifier ou inculper un ingénu, comme les faux photographiques, abstraction faite du caractère d'authenticité auquel ils ne sauraient prétendre.

Pour ce qui est des faux basés sur l'imitation, personne ne saurait se dispenser d'un talent natif, développé par la routine : n'est pas faussaire qui veut.

En fait de faux indépendamment forgés, les falsifications spontanées, les seules presque dont on puisse tenir compte, ne sont guère à la portée du premier venu ; à moins d'une nature imaginative, nerveuse, souple ou versatile, on n'en saurait fabriquer.

Quant aux autres, faux proprement dits, je crois avoir démontré tout ce qu'ils comportent d'écueils.

Récapitulons les résultats de mes recherches :

On peut diviser les faux en deux catégories selon leurs moyens, et leurs prétentions. Cacher pour une raison quelconque son identité en changeant l'aspect de son graphisme, voilà le but qu'on se propose d'habitude. Autre chose est de modifier, en connaissance de graphologie, son tracé, de manière à dépister non seulement l'expert ordinaire, mais encore le graphologue, par le mirage d'une personnalité diamétralement opposée à celle qui ressortirait de l'écriture habituelle.

Le premier, faussaire profane, se contenterait de changer simplement d'extérieur, de toilette, alors que le second, visant plus haut, tendrait à se créer une âme nouvelle.

Celui donc qui, tout en conservant à son tracé un cachet de spontanéité, réunirait ces deux desiderata, aurait droit à la palme.

A cet effet on lui demanderait d'altérer les six grandes caractéristiques d'intensité, de forme, de dimension, de direction, de continuité et d'ordonnance. Autant dire, faire peau neuve. L'intensité peut se varier, soit en la diminuant, soit en l'exagérant ; la forme présente plus de résistance, mais on contourne cette pierre d'achoppement par un retour à la calligraphie officielle. On change plus facilement la dimension et la direction. La continuité, par contre, présente plus de persistance. On pourra, certes, lier ou juxtaposer son écriture, mais généralement aux dépens de la spontanéité et de l'ordonnance. Reste encore l'ordonnance, qui paraît plus facile à fausser qu'elle ne l'est en réalité.

Cumuler toutes ces exigences dans un graphisme courant, d'allure dégagée, non suspecte, voilà la grande affaire. Ne pas se démentir par le moindre geste discordant, jurant avec l'ensemble, — cela se conçoit pour quelques lignes, mais pour être efficace il s'agirait de soutenir cet effort pour la durée de trois, quatre, cinq pages.

Peu de mes correspondants ont fait œuvre méritoire ; à vrai dire, un seul, graphologue par dessus le marché, serait parvenu à me donner le change. D'une écriture mouvementée, fort disjointe, simplifiée, il avait abstrait les éléments d'un tracé lié, égal et calme, sans contrainte aucune, malgré son adaptation à des formes calligraphiques. A la physionomie d'un homme du monde spirituel, souple et vif, il avait substitué celle d'un fonctionnaire lourd et placide. Ce chef-d'œuvre se bornait à trois lignes, il est vrai, mais, abstraction faite de son étendue minime, c'était bien le suprême du genre.

Toutefois, j'estime que le plus souvent la graphologie ne se laissera pas duper : pour un échec elle aurait vingt victoires à signaler.

Et j'abonde dans le sens du joli entête de la Revue graphologique allemande, portant deux petits malins génies, armés de plumes d'oie, qui soulèvent le loup et la cape d'un faux apôtre.

Tartuffe bien et dûment démasqué, tel est, à bon titre, le blason de la graphologie.

Isabelle UNGERN-STERNBERG.

Réval, Dôme 60. Russie, Estonie.

9/21 Février 1900.

Rectification d'une erreur de lecture et d'écriture

COMMISE PAR PRESQUE TOUS LES CALLIGRAPHES MODERNES ET
CONCERNANT DEUX LETTRES DE L'ALPHABET GOTHIQUE.

Il est dans l'alphabet gothique minuscule une lettre que
nos maîtres d'écriture et nos calligraphes modernes ne recon-
naissent plus et qu'ils emploient pour une autre lettre : c'est
l'*S* droite.

Il ne faut pas oublier cependant que cet alphabet gothique
possède deux sortes d'*S* : l'*S* droite et l'*S* tournée.

L'*S* droite, pendant toute la période gothique, était *toujours*
employée, soit au commencement soit dans le cours du mot,
tandis que l'*S* tournée n'était usité que comme terminaison,
lorsque le mot finissait par un *S*.

Et cela nous le voyons dans tous les manuscrits et sur
toutes les inscriptions ; nous voyons cette *S* droite employée
depuis l'époque romane jusque bien après l'invention de l'imprimerie ; avec de légères variantes dans la forme du crochet, suivant l'évolution des âges, mais toujours immuable
par sa tige droite.

Or depuis une soixantaine d'années que l'art de l'enluminure des manuscrits a commencé à se réveiller, et, en même temps, l'écriture du moyen âge qui accompagnait l'enluminure, la plupart des calligraphes de nos temps modernes et presque tous ceux qui firent éditer les modèles d'écriture, commirent la faute de n'employer comme *S* que l'*S* tournée ; ce qui fut cause de l'erreur plus grave de prendre ces S droites délaissées *pour être des l*, quand on en rencontrait dans de la vraie gothique, et cela, à cause de leur vague ressemblance mutuelle, dans leur forme générale : on prit ces *S* droites pour des *l* et on les employa comme telles.

A l'époque du romantisme, vers 1840, les premiers bégaiements de l'art gothique en se réveillant furent, on le sait, très enfantins, et ses manifestations peu étudiées, peu approfondies ; aussi l'on se moque maintenant du style « gothique pendule » et l'on a raison. Or les calligraphes de cette époque, ceux qui firent ces modèles d'écriture gothique que l'on enseigne encore, n'étudièrent eux aussi que *très superficiellement* cette ancienne écriture solennelle dont la vogue s'était emparée ; et comme à cette époque du romantisme on ne cherchait à se documenter en aucun art aussi consciencieusement qu'on le fait aujourd'hui, il est évident que ces calligraphes, ne sachant pas le latin, pour la plupart, ne se préoccupaient pas du sens des mots des documents anciens dans lesquels ils ne faisaient que copier *la forme* des lettres. Ils prirent pour des *l* ce qui était des *s* droites.

Ensuite la lithographie, puis le clichage, multiplièrent inconsciemment cette erreur contre laquelle nul, que je sache, ne s'est encore élevé : (tant il est vrai qu'en cela comme en beaucoup de choses, une erreur se fait prendre peu à peu pour une vérité, à tel point que la Vérité à son tour semble une Erreur...)

Au point de vue pratique, le moyen de réagir contre cette routine, contre ce mauvais pli, serait, il nous semble, de répandre dans les écoles primaires ou spéciales, des exemples rationnels d'écriture gothique dans lesquels n'existerait plus la confusion que nous venons de signaler, et dont la faute peut être imputée aux calligraphes et maîtres d'écriture d'il y a soixante ans.

Le devoir incombe aux calligraphes qui vivent en ce moment et qui sont susceptibles de suivre les erreurs devancières ou de les combattre, de vouloir bien veiller à cela et de réagir : il ne suffit pas de savoir former élégamment ses lettres, il faut auparavant apprendre à lire.

L. A. FOUCHER.

LA PHONOGRAPHOLOGIE

Communication au Congrès de 1900. — 31 Mai 1900.

Mesdames, Messieurs,

Voici la seconde fois que j'ai l'honneur de faire une communication à ce congrès et j'en suis tout confus, tant cet honneur me semble immérité. Je l'ai déjà dit, je ne suis pas un savant et la science graphologique sur tous ses aspects a droit à la parole des savants. Puissé-je malgré mon ignorance ne pas trop vous ennuyer en vous parlant aujourd'hui d'une manière simple, de la façon dont il est possible, au moyen de l'écriture, d'entendre *par les yeux* la personne qui a écrit et au besoin de la reconnaître à sa voix quand on ne connaît. que son graphisme.

Tel est le but de cette causerie.

La graphologie a pour but de connaître le caractère. C'est l'écriture qui le révèle. La voix le révèle aussi et il serait intéressant de fixer les lois, les relations qui existent entre la voix et le caractère. Ces lois, je les cherche et peut-être un jour les trouvera-t-on. Ce que je crois avoir trouvé, c'est la relation qui existe entre l'écriture et la voix.

De même que pour faire un portrait graphologique, il est indispensable d'avoir l'écriture naturelle et habituelle, il ne faut chercher dans cette même écriture que la voix naturelle parlée (non chantée, ni déclamée). Nous ne parlons pas de la même manière quand nous faisons un discours, une conférence, quand nous lisons et surtout quand nous chantons, que lorsque nous causons. L'orateur (sacré ou profane) prend un ton, une manière de parler qui est à sa voix normale et naturelle, ce qu'est l'écriture calligraphique et contrefaite à son écriture naturelle. Je désire bien préciser. J'appelle voix

naturelle celle dont nous nous servons pour causer familière-
ment avec nos amis, pour donner des ordres ou des instruc-
tions à ceux qui dépendent de nous, pour demander un renseignement ou une indication et aussi pour nos exclamations
provoquées soit par la joie, soit par la surprise, la frayeur ou
la douleur. Ceci posé, quels sont les caractères, les *qualités*
(*qualis est*) de la voix ?

J'en trouve trois et je les appelle le *mode*, l'*harmonie* et la
tonalité. Cette distinction m'est tout à fait personnelle et c'est
à vous de juger si elle est rationnelle. Cependant, avant
d'aller plus loin, permettez-moi de lire le commencement de
l'article paru dans le N° de Novembre dernier de notre journal la *Graphologie*.

Quand parut, dans le numéro de mai-juin 1898, page 47
du journal la *Graphologie*, l'article sur M. G. Randon qui
est de Mme la baronne I. Ungern-Sternberg, j'ai demandé
à notre distinguée Vice-Présidente, quelles étaient les
« quelques données graphologiques sur lesquelles elle
basait » la reconstitution physique, et dans ma lettre je lui
parlais de la possibilité de reconnaître les voix des gens au
moyen de leur écriture. Voici un extrait de sa réponse venue
par retour du courrier : « Reconnaître les gens à leur voix,
sans les connaître, d'après leur écriture ?!!! Deux jours durant j'ai déjà réfléchi à cette assertion hardie, sans en être de
beaucoup plus avancée. Chaque théorie, aussitôt imaginée,
vient se buter contre l'expérience, contre les réalités, contre
les exceptions. Je vous soumets ici l'écriture de feu ma mère.
Point ou peu d'analogie, nous n'avons en commun que la
vivacité et l'emportement éventuel, traduit par des barres
de *t* qui vont de l'avant. Le croiriez-vous, nos voix étaient
pareilles . . . . . . Me permettez-vous de vous mettre à
l'épreuve ? Tenez, voici trois écritures distinguées entre elles
par les n°s 1, 2, 3. Donnez m'en la voix, etc . . . . . »

Mon envoi des indications de voix demandées, a été suivi
d'une lettre par trop élogieuse, mais dont il me faut pourtant, avec l'autorisation de ma correspondante, communi-
quer des extraits aux lecteurs de notre journal, quand ce ne
serait que pour m'excuser de prendre ici une place qu'un
article sérieux aurait bien mieux utilisée.

» Reval, 21 novembre 1898.

« Monsieur,

« J'ai été charmée, tout bonnement, et par votre épître et
par l'ingéniosité dont elle fait foi. De Paul incrédule, me voilà

convertie en Paul fervent de votre système. Vous avez vraiment fait merveille, vu que j'ai multiplié à souhait les difficultés pour la tâche que je vous avais imposée. En raison de mon péremptoire : *Hic Rhodus, hic salta* ! vous avez franchi le saut périlleux avec une désinvolture étonnante. Je vous renvoie ci-joint les quatre écritures parce que cet essai constitue un article attrayant, tout flambant neuf pour la *Graphologie*. Il faut vous hâter de vous réserver la priorité de cette découverte, car, pour une étude à côté, elle ne laisse pas que d'avoir de l'intérêt et de l'importance, etc. etc. »

Malgré ces engageantes paroles et des rappels successifs de Mme Ungern-Sternberg, j'étais hésitant à publier ce qu'elle veut bien appeler ma découverte, car je ne le trouvais ni « attrayant », ni « intéressant », ni « important » ; mais une dernière carte-lettre venue ces jours-ci, me demande pourquoi je garde secret ce que notre Vice-Présidente désire voir imprimé.. Je n'ai pas de parce que à objecter et j'obéis.

Voici donc comment on peut connaître les voix des écrivains : appelons cela, si vous voulez, « phonographologie » : en voici le système.

Tout geste est révélateur du caractère ; l'écriture est une série de geste fixés qui est le meilleur et le plus sûr indice. Mais la voix parlée, non chantée ni déclamée, est aussi révélatrice de la personnalité. J'en infère, peut-être à tort, peut-être non sans raison, qu'il y a relation entre les *formes* de l'écriture et les *qualités* (*qualis est*) de la voix.

Ces qualités sont le **mode**, l'**harmonie**, et la **tonalité**.

I. Le *mode*.

Le *mode* pour la voix, c'est la manière dont nous terminons nos phrases ou membres de phrases : les uns les terminent en montant c'est-à-dire en finissant sur un ton plus élevé que la moyenne du ton du langage (Exemples de vive voix), les autres les terminent en descendant, c'est-à-dire sur un ton plus bas que leur moyenne (Exemples).

Cette distinction des voix est la plus importante et il convient beaucoup de la bien saisir, car elle est la meilleure indication pour reconnaître la voix. Il y a des voix très montantes, comme des voix très descendantes et des voix intermédiaires.

II. L'*harmonie*.

Le deuxième caractère de la voix, c'est l'*harmonie*. Ce caractère se divise en deux classes :

1º Les voix justes et les voix fausses.

2º Les voix harmonieuses, agréables à entendre, et les voix disgracieuses, raides et désagréables à entendre.

Il faut s'expliquer : par voix justes je n'entends pas désigner une qualité musicale absolument nécessaire aux chanteurs comme aux instrumentistes, car ce n'est pas leur voix qui est juste, c'est leur oreille. Une voix *juste*, d'après mon système de phonographologie, est celle qui, dans un milieu bruyant tel qu'un wagon de chemin de fer, un tramway, une forêt quand le vent souffle et agite les arbres, se fait entendre difficilement parce qu'elle se met instinctivement, fatalement en accord avec le ton général de milieu ambiant, soit qu'elle résonne à l'unisson avec ce bruit, ou qu'elle soit à l'octave, à la tierce ou à la quinte. Les personnes qui possèdent ce genre de voix peuvent avoir l'oreille fausse et ne pouvoir chanter juste ; si elles essayaient d'accorder un instrument à cordes, violon, harpe, mandoline, elles n'y parviendraient jamais ; mais quand elles parlent, leur voix, sans recherche et malgré elles, se met d'accord avec le bruit qu'elles entendent et au milieu duquel elles veulent parler. Les personnes aux voix justes peuvent aussi, bien entendu, avoir l'oreille juste.

Quant aux voix fausses, ce sont celles qui, sans effort, se font entendre au milieu du bruit, parce qu'instinctivement et comme fatalement elles se produisent sur un ton absolument en désaccord avec la tonalité générale du milieu ambiant. Les personnes qui possèdent ce genre de voix peuvent avoir l'oreille juste, chanter juste, comme aussi avoir l'oreille fausse, être par ce fait incapables de faire de la musique.

Passons à la seconde classe de l'harmonie : les voix harmonieuses et les voix disgracieuses. Il est des personnes, surtout des dames, mais aussi des hommes, qui grâce à la douceur, au gracieux, au velouté de leur organe ou mieux de la manière dont elles parlent, ne lassent jamais et font plaisir à entendre, même si elles disent des inutilités, des fadeurs, des non sens ; on les écoute parler avec plaisir, non pour entendre ce qu'elles disent bien souvent, mais pour jouir du son musical et harmonieux de leur voix.

Les voix disgracieuses sont celles des personnes qui résonnent à l'oreille d'une façon désagréable, pénible et fatiguante. On croirait quand elles parlent entendre une lime mordant le fer, une scie dans une planche, un frein sur la roue d'une voiture. Diraient-elles les choses les plus intéressantes, les plus instructives, les plus importantes, on a hâte qu'elles terminent leurs discours, tant on est fatigué de les entendre et malgré le désir dé savoir ce qu'elles disent.

J'ai classé ces quatre genres de voix sous la rubrique d'harmonie parce que généralement les voix justes sont en même temps harmonieuses et les voix fausses sont aussi généralement désagréables ; mais il n'est pas impossible, et l'expérience le prouve, que des voix justes soient désagréables et des voix fausses agréables à entendre : mais c'est rare.

Il y a, bien entendu, des degrés dans ces caractères d'harmonie comme dans ceux du mode.

Avant de passer à la troisième qualité de la voix, la *tonalité*, je dois vous dire que les deux premières sont suffisantes pour reconnaître une voix par l'écriture. Je dois vous avouer même que si j'ai trouvé des signes graphiques indicateurs de ces deux premières qualités, je suis bien moins sûr de ceux qui m'indiquent la troisième. Enfin... je cherche encore des signes indicateurs pour cette troisième, la tonalité.

Pourquoi cela ? C'est parce que le mode et l'harmonie sont fonctions de notre être intime et dépendent de notre caractère. C'est par ces deux qualités que la voix peut être révélatrice du caractère. Quant à la troisième, la tonalité, elle ne dépend pas plus de notre caractère et par conséquent l'écriture n'en est pas plus révélatrice qu'elle ne permet de désigner la couleur des cheveux, des yeux, la forme du nez, des oreilles et d'autres signes extérieurs physiologiques. Cette réflexion m'a été suggérée par le Dr Jeanne, un savant médecin des hôpitaux de Rouen, professeur à la faculté, que j'ai eu la bonne fortune de voir pendant de trop courts instants chez M. Crépieux-Jamin. C'est aussi l'opinion de ce dernier qui, néanmoins, ne m'a pas détourné, au contraire, des recherches que je fais encore à ce sujet. Et cela parce que intuitivement bien plus que scientifiquement, il m'arrive de pouvoir désigner assez exactement la tonalité de la voix.

III. La *tonalité*.

Il est presque inutile de désigner ce troisième caractère de la voix. — Pour les voix des dames, les plus aiguës sont les sopranis et les plus graves les contraltis, pour les hommes les plus élevées sont les ténors et les plus basses, les basses profondes. Il y a toutes les séries intermédiaires : mais ne l'oublions pas, c'est la voix parlée dont il est question. Et tel chanteur qui par l'exercice a gagné quelques notes soit en dessus, soit en dessous de son registre naturel, n'en conserve pas moins la tonalité véritable et naturelle à sa voix parlée.

Voici maintenant les signes de l'écriture indicateurs de ces diverses voix.

1° Pour le *mode* : les voix montantes ont comme signes l'écriture peu appuyée, aux finales fines, généralement montantes, peu d'angles dans ces finales, très peu ou pas de massues.

Les voies descendantes ont, au contraire, comme signes révélateurs une écriture appuyée aux finales (qu'elles soient courtes ou longues) non montantes, appuyées aussi et des massues.

2° Pour l'harmonie : les voix justes ont comme signes révélateurs la régularité du graphisme dans les formes, les écartements des lettres, des mots, et des lignes.

Les voix fausses ont les signes contraires et se distinguent principalement par des lettres tantôt tassées, tantôt espacées et de formes variables.

Quand je rencontre des renflements fusiformes (qui en graphologie indiquent généralement une sensualité marquée et toujours une vitalité intense) je ne puis m'empêcher d'entendre une voix éraillée, fatiguée et très significative d'abus sensuels, surtout si l'écriture est inharmonique ou fruste.

Les voix harmonieuses ont comme signes graphiques des courbes gracieuses, des majuscules contenues et sans renflements, ni dans les hampes ni dans les panses, ni des traits trop forcés.

Tandis que les angles, les coups heurtés de la plume, les majuscules étranges, anormales, baroques sont les signes révélateurs des voix désagréables.

3° Enfin et c'est ici que le bât me blesse, pour la tonalité je n'ai d'autres signes, pour le moment, que ceux-ci : j'ai remarqué que les écritures très en relief, fortes et appuyées appartiennent aux personnes possédant des voix graves.

Et les écritures flous, grêles, peu appuyées surtout, sont celles des personnes dont la voix est aiguë. J'ai en plus d'autres signes et des idées *derrière la tête*, mais j'en suis encore à les expérimenter et vous voudrez bien m'excuser de les taire en ce moment.

C'est en appliquant ces données, en me servant de ces signes que j'eus l'audace, en juillet 1898, de répondre à Mme I. Ungern-Sternberg et de lui décrire les voix des cinq écritures qu'elle m'avait adressées. Quelques semaines après, ma correspondante voulut bien m'envoyer une réponse critique où elle me signalait quelques erreurs ayant principalement pour cause mon ignorance des graphismes russe, estonien et allemand, qui étaient ceux de trois des documents sur lesquels j'avais eu la témérité d'opérer.

Ces recherches sont assez intéressantes, quoique je ne sois pas encore muni d'arguments et d'expérimentations pour leur donner une base scientifique. (Je cherche depuis l'année 1895). Elles sont aussi et surtout amusantes. Elles surprennent ceux qui ignorent le procédé. Et comme preuve, j'ai amené la surprise sur le visage de M. Crépieux-Jamin la première fois que je l'ai vu. C'était chez M. Gavarry, notre aimable président du Congrès, qui m'avait fait l'amabilité d'une invitation à une soirée où je devais voir pour la première fois le *maître*. J'avais de lui quelques lettres et je connaissais sa voix, je l'entendais par les yeux. Le maître de la maison l'avait prévenu ainsi que les invités arrivés avant moi de l'expérience que je désirais faire. M. Crépieux-Jamin, à mon entrée, prit par la main un des invités, un parent, je crois, de M. Gavarry et me le présenta en disant : « M. Éloy je vous présente M. Crépieux-Jamin ». Je suis encore un peu timide et ma réponse tarda de 15 à 20 secondes ; elle fut celle-ci : « Oh ! non Monsieur, c'est vous qui êtes M. Crépieux-Jamin ». J'étais si sûr de connaître cette voix sympathique, douce, intelligente, faible, montante légèrement, harmonieuse au plus haut degré, quoique un peu fausse et d'une tonalité assez élevée pour être assimilée à celle du ténor !

Malgré l'absence de bases scientifiques, essayez, mesdames, messieurs, de mon petit système. Cela peut servir et surtout c'est un amusement assez original.

Quant aux insuccès, ils seront assez nombreux et leur cause provient surtout de ceci : c'est que vous voudrez d'abord décrire les voix, en indiquer par la plume ou la parole les qualités distinctives. C'est très difficile de se faire comprendre parce que la terminologie que j'emploie nécessite, malgré sa simplicité, des explications, celles dont je viens de vous ennuyer. Mais quand vous ferez l'expérience qui consiste à reconnaître à sa voix une personne dont vous connaissez l'écriture, vous réussirez et alors vous chercherez avec moi les signes de la tonalité et les bases scientifiques de la... disons le mot, quoiqu'il ne soit dans aucun dictionnaire, de la *phonographologie*.

J. Éloy.

La Graphologie est-elle une science ?

Telle est la question que l'on nous pose : il nous semble utile de la traiter avant la clôture du Congrès.

Nous n'hésitons pas à répondre : « Oui, la graphologie est une science », et pressé par le temps, nous allons exposer sommairement le fondement de notre opinion.

Bescherelle définit ainsi la science : « Connaissance claire et précise de quelque chose, fondée sur des principes évidents ou sur des démonstrations ».

Or, des signes que nous a légués l'abbé Michon, les uns sont évidents par eux-mêmes, les autres sont susceptibles d'être expliqués d'une manière rationnelle et confirmés par l'expérimentation. Un très petit nombre de ces derniers, qui peuvent dériver de causes purement pathologiques, sont seuls de nature à motiver exceptionnellement des réserves de la part de l'analyste ; en ce cas, exprimer ces réserves, c'est échapper à l'erreur. Des études en cours de publication dans l'organe périodique de notre Société et consacrées à la démonstration, ne peuvent avoir ici leur place, mais elles reposent en général sur ce principe émis par le savant anatomiste Gratiolet, que nos impressions les plus abstraites sont inséparables d'une sorte de matérialisation symbolique qui s'opère dans l'esprit et se traduit métaphoriquement par les locutions courantes ; or le geste, soit mimique, soit graphique, est toujours en harmonie avec ces locutions. L'observation et l'expérience en fournissent la vérification.

La graphologie est donc fondée sur un terrain solide, et l'on a le droit d'affirmer que ses bases sont scientifiques. Mais elle est trop jeune encore pour avoir atteint son achèvement ; quelle est d'ailleurs la branche des connaissances humaines qui n'attend pas de désirables progrès ? Il est très vrai que toutes nos facultés, tous nos penchants n'ont pas encore leur représentation dans la nomenclature. Il a fallu recourir au signe composé, à la *résultante*, qui est d'ordre purement psychologique, et dont la formation exige une part d'initiative de l'analyste ; là, il est vrai, la science n'est plus seule en jeu, l'art intervient.

Celui-ci se donne encore carrière par d'autres côtés dans la composition d'un portrait graphologique. Pour obtenir la synthèse du caractère, il faut savoir discerner les points culminants où s'agglutinent, pour ainsi parler, les éléments secondaires et apprécier sainement les réactions que les caractéristiques d'une personnalité exercent les unes sur les autres. Ici surtout est le siège de la difficulté à résoudre ; tant vaut le graphologue, tant vaut le portrait qu'il entreprend de tracer. Ici, comme ailleurs, la science fournit les matériaux, mais l'art les met en œuvre.

Peut-être faudrait-il donc se borner à dire que la caractérologie graphique est à la fois une science et un art, comme la médecine, ainsi définie par Littré : « *Art* qui a pour but la conservation de la santé et la guérison des maladies et qui repose sur la *science* des maladies ou pathologie ». Mais nous croyons que ce serait exagérer la distinction. Quelle est, en effet, la science qui, dans quelque mesure, ne se double pas d'un art ? Les mathématiques elles-mêmes ne s'écartent-elles jamais des procédés normaux ? N'en est-il pas ainsi quand, en arithmétique, on résout certains problèmes par la « fausse position » et, en géométrie analytique, lorsqu'on introduit dans les équations des facteurs parasites pour les éliminer ultérieurement ? Nous croyons avoir le droit de conclure que l'intervention d'un art dans une science ne fait pas perdre à celle-ci son caractère. Avant le temps où la méthode naturelle de Jussieu remplaça la classification *artificielle* de Linné, la botanique n'en fut pas moins considérée comme une science. C'est pourquoi nous tenons la graphologie pour une *science*, expérimentale et d'observation, pourvue, à sa base, d'un tel fond de certitude qu'elle est toujours prête à l'épreuve et confond ainsi ses détracteurs.

Léonce Vié.

FIN

LISTE DES MEMBRES DU CONGRÈS

———

ADHÉMAR (Vte Ch. d'), 21, rue Fleury, Clamart.
ALLEMAGNE (d'). — Ministère des Affaires Étrangères
ANCANTE (Emile), 96, rue des Chesneaux, Montmorency.
ANGELI (Mlle), 44, rue de Tocqueville.
ARLINCOURT (Ctesse d'), 25, rue Murillo.
ARUSS (Mme), 150, avenue Wagram.
ARZUL (Louis), 7, rue Mayet.
ARZUL (Mme L.), 7, rue Mayet.
BALAGNY, 114, rue Salneuve.
BALAGNY (Mme), 114, rue Salneuve.
BARON (Mme), 46, rue Cambon.
BATBEDAT (Mlle), 30, rue du Bac.
BAUME (Mme Marie), rue Madame.
BEAUMONT (de)
BÉRIOT (Mme de), 19, rue Eugène Flachat.
BERNARD, 79, Boulevard St-Germain.
BERNARD DE LAROCHE (Mme), 21, rue Rousselet.
BERTHELON (Mlle), 24, rue Beaujon, Paris.
BILLECOQ (Mme Franc.) 39, rue des Vignes, Passy.
BILLY (de), 14, Avenue d'Antin.
BLOCH (Mme Élisa), 5bis, rue Lebouteux.
BOBIN (Mme), 152, avenue Wagram.
BOBIN (Mlle),   —   —
BOGELOT (Mme), 4, rue Perrault, Place du Louvre.
BONNIN (le commandant), 17, Avenue de Tourville.
BONNIN (Mme),   —   —
BONNET, 3, rue Furstenberg.
BRÉBION (Edmond), 13, rue Guénégaud.
BREUIL (Michel), Clermont (Oise), ou 9, rue du Mont-Thabor.
BRIS (comte Saint-), 46, rue d'Amsterdam, ou Clos-Lucé par Amboise (Indre-et-Loire).

BRUANT (Mlle Rose), Boutigny (Aube).
BRUBACH, 6, rue Pierre Sarrasin.
BUISSON (abbé)
BUSS, Hans, Venreutherstr. 3, Munchen (Allemagne).
CAEL (abbé), rue de Prony.
CANTON (Jules), 50, Boulevard St Michel.
CARBONNET (Fr.).
CARRENAC (Mme Husson),
CARMEJANE (Cte de), 47ter, rue d'Orsel.
CARON DE SAUMERY (Mme), 46, avenue de Suffren.
CASABONNE (Mme), 42, rue Jouffroy.
CASSANO (Prince de), 44, avenue Montaigne.
CASSANO (Princesse de),   idem.
CAZENEUVE (Raoul de), La Roquette-Balmont (Lyon-Vaise).
CHAMO (Mlle Yvonne), 12, rue du Parc-Royal.
CHARAVAY (Noël), 9bis, rue Michel-Ange.
CHARRIANT, 23, Boulevard Poissonnière.
CHAUVIN (D^r), 1, rue Blanche.
CHEVALIER DE LA PETITE RIVIÈRE, 26, rue Staël.
CHOCHOD-LAVERGNE (Mme Rose), 21, rue Pierre Guérin.
CHOCHOD-LAVERGNE (Mlle), 21, rue Pierre Guérin.
CHOQUENET, Directeur d'école primaire supér. à Chauny (Aisne).
CHOQUENET (Mlle), Chauny (Aisne).
CHRÉTIEN (Mme Hedwige), 16, rue Cassini.
CHRISTIANI (Albert), 122, avenue Wagram.
CLERMONT-GALLERANDE (Mlle Diane de), 23, rue de Chéroy.
CLOETTA (D^r), Professeur à la faculté de médecine de Zurich
     (Suisse).
COLLAS (Henri), 152bis, Boulevard Montparnasse.
COLLAS (Mme H.), id.   id.
CONTI (Henri), 134, Boulevard Exelmans.
CONTI (Mme H.). id.   id.
CORDIER (Mlle Marguerite), 155, avenue Wagram.
COUARD, archiviste à Versailles.
COUILLY (Mlle Berthe), 45, rue des Acacias.
COUSIN (abbé) 1er vicaire à St-François de Sales, 6, rue Brémon-
     tier, 136, avenue Wagram.
COURBOT (Mme), 3, rue de Monceau.
CREMIÈRE (Mme), Tattersaal, 24, rue Beaujon.
CRÉPIEUX JAMIN, 23, rue Thiers, Rouen.
DAIREAUX (M. et Mme), 15, rue Vernet.
DAIREAUX (Mlle), 15, rue Vernet.
DAVENPORT, 161, Trémontstreett Boston Mass. E. U.
DECAUVILLE, 15, avenue Matignon.
DELISLE, 19, Boulevard Montmartre.
DELZANT, 15, Boulevard des Invalides.
DENIS (Mlle Rosette), 137, rue de Rome.
DEPOIN, 150, Boulevard St-Germain.

JOLIFF (H. Le), 173, boulevard Péreire.
JOLIFF (Mme Le),   idem.
JOUFFROY D'ABBANS (Mis et Mise de), 23, rue Joubert.
LACAZE (marquise de), 22, rue des Fossés Saint-Jacques.
LAGARENNE (Mme de), 69, rue de Chaillot.
LAROCHE, 15, rue des Ursulines.
LAUR (Paul), 95 bis, rue Victor Hugo, Bois-Colombes.
LAURENS (Mme Marie), 11 bis, boulevard Excelmans.
LEDOS, 4, rue Jean-Bart.
LEFEUVE (Gabriel), 10, rue Paul Lelong.
LEFÈVRE (Mme), 144, avenue Malakoff.
LEFÈVRE (Mlle Adolphine), 42, rue Jouffroy.
LEGER-DOREZ, 23, rue Joubert.
LÉLIE (G. de), 1, grande Rue, Enghien-les-Bains.
LENORMAND (Mme Henri), 6, rue Gaston de Saint-Paul.
LEMAY-SAMSON (Mme), 16, rue Labruyère.
LEROY (Narcisse), 48, rue Desbordes-Valmore.
LINIERS (vicomtesse de), 3, rue de Monceau.
LIOUBÔW (Mlle G.), 6, rue Gustave Courbet.
MAINOT (Dr), 22, rue Tocqueville.
MAIROT (Mlle Berthe), 16, rue des Moines.
MANIN (Joseph), 14, rue de Béarn (Lyon).
MARAGE (Dr), 14, rue Duphot.
MARAGE (Mme),   idem.
MARQUET DE VASSELOT (Cte), 190 bis, boulevard Péreire.
MARTY (M. J.), 150, boulevard Saint-Germain.
MARTY (Mme),   idem.
MASSENET (Alf.), 9, rue Cernuschi.
MAUGERET (Mlle Marie), 143, rue de Rennes.
MAUJEAN (Mme Céline), Place de la gare, Montgeron.
MAURY (Mme   ), rue Servandoni, 24.
MAURY (Mlle Rose), rue Servandoni, 24.
MAYERAS (Léopold), au Palais du Luxembourg, Paris.
MAZIS (Cte R. des), 167, avenue Wagram.
MAZIS (Mme la comtesse),   idem.
MAZIS (Pierre), 3, rue de Monceau.
MAZIS (Mme Christian des), 99, avenue de Villiers.
MAZIS (Mlle Ad. des), 167, avenue Wagram.
MECQUENEM (colonel de), 16, rue Pré-aux-Clercs.
MÉROLLA (Mme de), 9, avenue de la Bourdonnais.
MONACO (S. A. S. le prince de), 7, cité du Retiro.
MONIQUE D'AVRIL (Mlle), 22, rue de la Trémoille.
MONTEL, 75 bis, rue Monge.
MONTIGNY (chanoine de), curé de St-Ferdinand, Bordeaux.
MONTIGNY (vicomte de), 99, avenue de Villiers.
MONTIGNY (vicomtesse de),   idem.
MONTIGNY (Mme Roy. de), 71, rue de Monceau.
MONTIGNY (baron de), 99, avenue de Villiers.

MONVAL, rue Crébillon.

MOTTE (Mme de la), 11, rue de la Boëtie.

MOUSSY (Victor), Semelay, par St-Honoré les Bains (Nièvre).

NAMUR Paul, 8, rue Charlet.

NAUDIN DU TEILLOY, 86, avenue Wagram.

NICOLAÏDÈS, 91, avenue Malakof.

NORMAND (Charles), 98, rue de Miromesnil.

PALLU DE MORAS, 75 bis, avenue Wagram.

PALLU DE MORAS (Mme),   idem.

PARENT (Mme Lucien), 51, avenue Henri Martin.

PAIRE (Mme Andrée), 4, rue Théodule Ribot.

PCHEDNEWICH (Mme la doctoresse), 42, rue Jouffroy.

PELLETIER (Paul), Place Saint-Sulpice, 2.

PELOSSI (P.), 20, rue de la Gaîté.

PELOSSI (Mme),   idem.

PERCHE (abbé de la), curé de l'Immaculée Conception, rue du
     Rendez-vous.

PHILIPPE (Mme), 28, route de Montrouge, Malakof.

PISCAVIEC, 6, Villa Sommeiller, Paris Auteuil.

POPPÉE (Mlle Dolphine), graphologue à Tabor (Bohême).

POUDAVIGNE (Mme), 6, rue Alboni.

PUGLIESI-CONTI, 19, avenue de Villiers.

PUGLIESI-CONTI (Mme),   idem.

RAYMOND, 29, rue de la Huchette.

REGNARD (Henri), 12, avenue du Trocadéro.

REIDHAR, 21, rue de l'Odéon.

REY (Albert), 5, rue Debelleyme.

REY (Mme Blanche), 28, rue de Conflans, Charenton.

RICHARD (Dr), 7, cité du Retiro.

RICHARD (Mme), 15, rue Vernet.

RIGNOT (Mme), 6, boulevard Thiers, Brest.

RIVES (Mme), 8, rue de Sfax.

ROCHER (G.), 55, avenue de la Bourdonnais.

ROCHETAL (de), 3, rue Clotaire.

ROUGET, 15, avenue Mac-Mahon.

ROUGET (Mme),   idem.

RUPPLINGER (Mme), 10, rue Bochard de Saron.

SAINTE-MARIE (Mme), 41, Chaussée d'Antin.

SALBERG (René de), 99, avenue de Villiers.

SANGOUARD (Mme), 16, rue Bleue.

SAUMERY (baron de), 15, avenue de Tourville.

SAUMERY (Mme la baronne de),   idem.

SAUTEREAU, 9, rue Desvarennes, 6, rue des Arènes.

SCHALCK DE LA FAVERIE (Alph.), 56, avenue Bosquet.

SCHALCK DE LA FAVERIE (Mme), 83, avenue de Grande Armée.

SIGNAIRE (Mme), 16, rue Spontini.

SILHOL, 8, rue d'Aumale.

SITTL (Carl), 10, Jagerstrasse, Munich (Allemagne).

TACHIBANA (Dr), Hôtel du Luxembourg, 54, rue de Vaugirard.
TAHON (Mlle Marthe), 16, Prunestrasse, Lintz, (Haute Autriche).
THIERRY (Fernand), 14, rue Drouot.
TIJONE (Mme), 8, rue Tison-d'Argence, Angoulême.
TIJOUX (Gabriel), 11, boulevard de Courcelles.
TIJOUX (Mlle Mad.), chez Mme Weinberg, château Waldfried,
    Francfort s/ le Mein (Allemagne).
UNGERN-STERNBERG (le baron), Dome 60, Réval, Esthonie (Russie).
UNGERN-STERNBERG (la baronne),   idem.   idem.
VARINAY (Mme la vicomtesse de), 15, avenue d'Iéna.
VARINARD DES CÔTES (Pierre), 8, rue Servandoni.
VAULX (comtesse de la), 34, avenue d'Eylau.
VERCHÈRE (de), 16, rue Vintimille.
VERCHÈRE (Mlle de),   idem.
VERGES (Mme la comtesse de), 11, Quai d'Orsay.
VERGES (Mlle Marie-Thérèse de),   idem.
VERNON (Mlle de), 20, boulevard des Invalides, Paris.
VIÉ (Léonce), 12, rue Jolly, Saint-Mandé (Seine).
VINSON, 62, rue d'Annonay, Saint-Étienne.
VITAL (Mme), 11, rue Gounod.
VOISIN, 16, boulevard Pasteur.
WILLARD, 25, South Prospect, str. Rapids Grand Michigen, E. U.
WHETTNALL (Mme Jean), château de Courtempierre, par Corbeilles-
    au-Gâtinais (Loiret).

TABLE DES MATIÈRES

MONTDIDIER. — IMPRIMERIE J. BELLIN